KANICHI BUNSO

观日文丛

赵京华 主编

# 万壑有声

中日书间道

陈 言 著

知识产权出版社

全国百佳图书出版单位

—北京—

图书在版编目（CIP）数据

万籁有声：中日书间道/陈言著. —北京：知识产权出版社，
2022.4

（观日文丛／赵京华主编）

ISBN 978－7－5130－7844－3

Ⅰ.①万…　Ⅱ.①陈…　Ⅲ.①比较文化—中国、日本—文集
Ⅳ.①K203－53②K313.03－53

中国版本图书馆 CIP 数据核字（2021）第 235662 号

责任编辑：李　硕　　　　　　　　责任校对：潘凤越

封面设计：杰意飞扬·张　悦　　　责任印制：刘译文

## 万籁有声
### ——中日书间道

陈　言　著

| | | | |
|---|---|---|---|
| 出版发行：知识产权出版社有限责任公司 | | 网　　址：http://www.ipph.cn | |
| 社　　址：北京市海淀区气象路 50 号院 | | 邮　　编：100081 | |
| 责编电话：010－82000860 转 8342 | | 责编邮箱：lishuo@cnipr.com | |
| 发行电话：010－82000860 转 8101/8102 | | 发行传真：010－82000893/ 82005070/82000270 | |
| 印　　刷：三河市国英印务有限公司 | | 经　　销：新华书店、各大网上书店及相关专业书店 | |
| 开　　本：880mm×1230mm　1/32 | | 印　　张：9.125 | |
| 版　　次：2022 年 4 月第 1 版 | | 印　　次：2022 年 4 月第 1 次印刷 | |
| 字　　数：174 千字 | | 定　　价：59.00 元 | |

ISBN 978－7－5130－7844－3

观日文丛

# 缘　起

　　"观日"，自然是观察和叙述日本的意思，但本丛书是从中国的视角出发来观察邻国日本，因此也就同时包含了中日之间思想文化的种种"接点"，呈现了双向交叉、彼此对话的关系。这是本丛书收入作品的共同特点之一，即以中日近现代思想、文化、艺术的关涉为主题，从东亚区域的视角出发，侧重挖掘和描述中国与日本之间多被遗忘的各种复杂关联，以及当代日本文化的众生相。

　　日本是一个复杂的观察客体，中日近现代关系更是十分缠绕，难以述说清楚，需要人们从总体性的方面和综合的文化视角加以观照。而在人文社会科学不断分科细化、研究题目渐趋专业窄化并形成通观障碍的当今，努力打通学科壁垒，实现交叉跨越，从而获得对观察对象的整体观感，也就显得十分重要。

　　本丛书的作者们都是在大学或研究机构从事教学科研的学者，在各自的领域自然要根据学术规范生产一些专业性研究论文。然而，为了打开视野、把握日本或中日关系的大势，我们也时常跨出专业领域，写作一些跨学科乃至跨文化的尝试之作。这些文章文体灵活机动，往往取不拘一格、率性而谈的形式，反而可以直抒胸臆，达到通观全局的效果。本丛书所收的大概是这样一些文章的结集，称之曰学术随笔或知识小品均无不可。

对学术之外的现实关怀，也是本丛书作者们共通的追求。那就是，在当今东亚局势扑朔迷离、复杂多变的情况下，以文化搭桥实现民间的对话互动，就成为促进相互理解的不可或缺的重要力量。我们希望，未来的东亚能够成为一个和平共生而彼此和睦的共同体。如果本丛书可以起到加深东亚各民族文化沟通、推动心灵交流的作用，或至少帮助中国读者打开几扇了解日本的窗，那么丛书作者们哪怕付出再多辛劳，也在所不辞。

以上，是我们编辑这套"观日文丛"的缘起。

赵京华

2021 年 10 月 23 日

# 小 引

我反复地说，我们出生在 20 世纪 70 年代的人，特别是我本人，是带着贫乏的人生经历走入学术领域的。不曾遭到时代浪潮的裹挟而狂热地信奉过什么，也谈不上什么剧烈的精神蜕变。然而这些都无法阻挡我辈成为精神在押的迷途问津者。

大时代的不安，造就了我辈无法安顿的灵魂，它与我的研究对象构成了参差对照，让我稍稍有资格去接近那些在日本侵华时期随时被"收编"的不安灵魂。那一个文人群体，最著名的莫过周作人。周氏本身的复杂性，与学者钱理群在周氏研究中所投入的"情绪性的观照"，让钱氏的周作人研究获得了无可替代的"有缺憾的价值"（钱理群：《有缺憾的价值——关于我的周作人研究》，《读书》1993 年第 6 期）。与周作人类似，近代以来游走在中日之间的异质文化中间人，他们的灵魂大多是被压抑的。时代越是向前推进，卑微如我者越是能够听到历史的峰峦之间来自壑的回声，我试图聆听并且回收这些声音，故将此小作名曰"万壑有声"。"Ⅰ　夜色不温柔"，大多是书评，处理的对象是战争时期的问题，那时长夜漫漫，艰辛苦涩。"Ⅱ　劫痕"，描述的多为战争伤痕。"Ⅲ　中间人"，确切地说，即我长期关注的"异质文化中间人"（cultural – in – between），指的是战争时期在中日文化之间位移的知识分子，他们或到当时的"敌国"短期滞留，或长期留学工作，或进入沦陷区的"敌国"文化机构工作，或译介"敌国"文本，从事形式不一的文化"交流"工作。这里择取几个个案来描述。"Ⅳ　'不抵抗'主义"，源自我对日本的人情美的激赏。"Ⅴ　两种暧昧，都撼动世界"，我想表达的是日本人的审美意识和历史意识均表现出浓烈的暧昧色彩，且都因暧昧而被世界瞩目。"Ⅵ　移动的批评"，收录的是我为自己所翻译的三本著作写的译后记，是对三位"反叛型"学者的解读。"Ⅶ　聆听"，收录的是我两次对谈活动的内容，因为都涉及日本，故收录于此。与我对谈的刘大先、李永晶二位友人也欣然授予了版权。本书收录的文字，已经发表的，多刊于《光明日报》《读书》《新京报·书评周刊》和《中华读书报》等。那些编辑对我的信任与鞭策一直让我觉得这个世界很暖。

　　回首这二十年来所走的路，我的学问并无明显长进。但因为处理的问题多与战争中的人性有关，让我深感人性的不确定，时刻提醒自己不要落到无知里，以为自己是衡量物事的尺度；同时告诫自己要对人类的困境有更切近肌肤的理解，要持续不断地对自己进行反思性监控。

当我写下上面这段文字时，不觉有些脸红心跳。我想我做不到知身谙事，但年岁已然进入连虚荣都来不及的阶段了，我期盼有一天我的文字能洗出自己的面目。

# 目 录

## Ⅰ 夜色不温柔

## Ⅱ 劫 痕

　　　　Ⅶ　聆　听

# I

# 夜色不温柔

# 在思想连锁中发现"北京"

中国东北地区北接苏俄，东邻朝鲜。早在 1890 年，日本就从确保军事战略要地的地缘政治学角度，将中国东北地区定位为自己的"主权线"和"利益线"。1904 年，日本赌上国运，发动了日俄战争，从俄国人手里夺得其在东北的权益；为了维持并扩大此权益，日本又成立了"满洲国"，"到满洲去！"这个口号喊了几十年。1945 年 8 月"满洲国"遽然消失，然而它却成为日本人的"乡愁"，不断地被书写、被研究。自 1843 年开埠至抗战胜利，上海同样是多语言、多文化、多意识形态交错的空间。19 世纪 80 年代迟一步涌来的日本人不仅在这里找到了现代国家模型，也发现了近代欧洲殖民主义的租界压迫模式，诸种经验挪用到了后来日本占领的上海。据说，战争结束半个世纪后，每当日本人听到"上海"这个词，内心都会涌起"痛楚""哀愁"和"怀念"。大概正是这种情怀，成就了日本辉煌的"上海学"。仔细想来，将"满洲国"和"上海"放在世界或者东亚近代史的一环里，从殖民与现代性这两个视角来考察，似乎很容易找到有效定位。

　　吊诡的是，自明清以来，北京逐渐成为政治、军事、地理、文化和文学等诸种问题的辐辏焦点，又是开启第二次世界大战亚洲战场的"七七"事变的发生地，同样与"满洲国"和"上海"构成了"殖民帝国——日本"这个统治体制的主要因素，却并没有因其中心性而成为中外学术界的热点，相反，始终处于"沉默的参照系"而遭到搁置。既有的战时北京研究，或过于道德化和政治化，把"日本"这个侵略者生拉硬扯到自己的逻辑里，而无法复原与今天相关联的有政治意义的历史；或对"北京"这个空间的感受缺少日本视角，不能有效地反思主体认同；或完全与"满洲国"、上海、南京等地分割开来单独讨论，却忽视了彼此的关联性。以至于我们在讨论北京时，一个潜藏着的根本性的难题不断浮现：北京代表了什么？它何以在当代思想界的讨论中很难找到有效的定位？

　　在带着种种疑惑探讨日本文化史"北京题材"的路径与可能时，王升远意识到，鉴于北京近代转型的曲折性，在西方后殖民等理论失效的情况下，除了在材料、视野、观念和方法上全面开拓，别无他途。经过数年的努力，他在博士论文的基础上完成的《文化殖民与都市空间：侵华战争时期日本文化人的"北京体验"》（生活·读书·新知三联书店2017年版，以下简称《文化殖民》）一书在对相关史料开展"涸泽而渔"般的搜索之后，在中日互动的关系场域内检视了19世纪以来日本有关北京的观念及其再现，追踪北京作为日本人的话语实践和政治构想的历史脉络，追索北京在近代日本成为"国民国家"乃至"国民帝国"的过程中究竟起到了怎样的作用。这让我欣喜地发现："北京"这个沉寂的领域被激活了。作者提出问题的方式、对知识结构的挑战、对历史皱褶处敏锐的感知能力，对治中日文学关系史、殖民地史和中国现代文学者来说，都具有示范意义，而这些也是我愿意迫不及待地分享读书心得的原因所在。

## 思想连锁

因为思考的对象是日本殖民时期的北京，那么殖民者与被殖民者的活动就使"北京"成为独特的权力空间和交往空间，故此将两者相互对照研究就是不可或缺的作业过程。这就如日本历史学者山室信一（1951—　　）近年来不断提倡的"连锁视点"，即"把所有的现象都作为与历史总体的关联来把握；反过来，又要思考部分的、被认为是琐碎的现象是如何构成和规定结构性的整体的"。（《日俄战争的世纪：从连锁视点来看日本与世界·前言》，岩波书店 2005 年版）《文化殖民》的多极视点（multilateralism）恰好妙合了山室信一的思考方式，与日本在政治与思想联动中，寻找相互规定中的北京实态。具体来说，该书打破了对研究对象的文体界限（只要是涉及北京的题材，统统作为分析对象），在兼顾重要文人学者的经典的基础上，大量搜罗非著名、非主流文人的相关作品，找到了报道、旅游指南等文类强烈的政治介入性，以及大众民族主义与日本军国主义政权之间的紧密互动。作者的梳理让我们发现，原来日本文化史中"北京"意义生成的源头，与明治以降日本"征服中国、迁都到中国的政治中心北京"的企图密不可分；到1937年侵华战争全面爆发时，它更是彰显为具有重要的政治和军事意义的"东亚建设基地""东洋故都"和"兴亚首都"。北京战略功能的转换，与明治、大正年间赴京的长三洲、冈千仞、德富苏峰、小林爱雄、川田铁弥、原田藤一郎等日本文人共同制造的图景有关联，即一个衰败无序的古都以及"卑劣不端"的中国国民性需要由文明、先进的日本去"改造"和"拯救"。而这一时期的北京论述不仅与当时中日关系格局息息相关，更为大正、昭和时期日本的对华扩张奠定了理论基础，成为后者北京经验和中国论述的重要源头。日本的扩张唤醒了中国人的民族意识，衰颓古都时不时地成为"排日之都"。然而，一方面，汉学家吉川幸次郎对排日风潮的发生缺乏探究的兴趣；诗人斋藤茂吉则恨恨地认为日本承受着如此"侮辱性"的抵抗，却还要"与华亲善"，毫无道理——言下之意，是呼吁用强硬的武力解决。至于竹内逸和芥川龙之介身处反日气氛浓厚的北京，在作品中却只谈风月，不谈国事，那是因为他们的安然完全建立在北京城墙上架起的日本的高射炮之上。另一方面，日本文人不约而同地把当时北方最重要的文人周作人看作一个性格温顺、易于被收编的人，通过与抗战的"南方"相比较，一致认为可把以周作人、钱稻孙为代表的北方知识分子视为拉拢对象，进而在日本国内造成嘲讽和打压南方抗日势力、收编华北亲日势力的舆论导向。作者在阐明日本文人对排日风潮的不同反应之后，指出了文人书写与日本国家政策之间的关联：1938年日本文人的种种作为就转化为内阁情报部发布对华宣传的《关于支那事变宣传方策大纲》。而"国策"反过来又推动日本人北京书写的热潮。

王升远还梳理了北京指南之类的书籍中关于北京"误解"的谱系。他指出，20世纪20年代初丸山昏迷的《北京》、中野江汉和中野达父子先后编纂的《北京繁昌记》《续·北京繁昌记》形塑了日本人对北京包括空间认知和政治的"前理解"（pre-understanding）。在此延长线上，才有了此后二十年间高木翔之助的《北京与天津》、安藤更生的《北京案内记》、中丸均卿与滨一卫合著的《北平的中国戏》、藏田延男的《北京西山》等。丸山昏迷、中野江汉等在京"支那通"之间形成了紧密的关系网，同时充当了日本文化人探访北京的桥梁和媒介，在相当程度上塑造了芥川龙之介等后来者的中国形象。但其片面化、表层化的北京理解引起周作人的不满，斥责"'支那通'之不通"。鲁迅在1932年致增田涉的信中也曾批评日本文人的乱写："日本的学者或文学家，大抵抱着成见来中国。来中国后，害怕遇到和他的成见相抵触的事实，就回避。因此来与不来一样。于是一辈子以乱写而告终。"正是这种"通"与"不通"，在提供必要向导的同时，也为殖民统治提供了必要的参考，作者认为这一谱系的政治意义在于它"是'北京'在日本文化语境中由想象的／历史的／抽象的而走向现实的／现时的／具象的之标志性事件"，知识、权力和政治之间呈现出了复杂交错的对应和相互影响的关系。

　　说到周作人，这位曾经对"支那通"露出金刚怒目面容的新文化运动先驱者，到北平沦陷时期成为与敌合作者，制造了中国现代文化史上最大的谜团之一，而学者们为解开这个谜团的努力从来没有停止过。对此，王升远则深入异文化史中，从那里去追索迫使周作人成为亲日势力的种种手段。作者详尽地考察了周作人文学的日译本，指出在译介过程中，周氏批判日本侵华恶行和丑行的文字被规避掉；若干主张被赋予了特定政治意涵而置于"大东亚共荣圈"的政治话语脉络中，遭到利用和有意误读；那些与日本文化有关联的篇章被刻意凸显。周氏偶尔会对日方的删改行为感到愤怒，但是大多数情况下则持默许态度。结果，经过有选择地译介、增益、删除等种种翻译行为，共同生成了周氏的"亲日派"形象。从译介的政治学角度切入周作人的落水事件，我以为这是作为思想课题的沦陷区研究的新高度。作者还注意到，在收编周作人之前，日本文人也曾重构鲁迅的形象，同时突出周氏兄弟的同一性和相异性。在同一性的建构上，比如鲁迅在偶然的场合说"日本一游"，结果在鲁迅去世、战争爆发后，就被佐藤春夫演绎成了"永住"，使之成为"日本文士"；而鲁迅对蒋介石政府的批判，则被日本利用成抨击抗日之蒋介石政权时的资源。通过置换鲁迅言论的背景和动机，从而把爱国者鲁迅重构成一个"亲日"文人，在"爱国"又"亲日"的理路中强化隐忍、温和、博识的鲁迅胞弟周作人的附逆形象，似乎侵华战争的"合理性"就能够"自然而然"地显现出来。与此同时，鲁迅的激越、抗争的一面也被不断强化，甚至在鲁迅死后，"继承鲁迅精神在战时成了一直以来散漫、无组织的上海文艺界有力集结、走向彻底抗战的重要精神内核"（平山弘语）。结果，日方针对中国南北方文人群体的特征制定了上述的宣传"国策"。至于何时使用同一性、何时使用相异性，那要由日方的政治境况决定。通过对这种种叙事策略进行钩稽铺叙，我们发现了日本文人服从"国策"的连贯性和整体性。

## 以"叙事"警惕"主义"

王升远在《文化殖民》中多次强调，他所推崇的学术方法，是像日本学术前辈木山英雄那样的"'无方法'

的方法"（赵京华语），即不使用抽象的概念推衍，不用宏大的理论预设或者自明的逻辑前提，在综合把握史料的基础上，以问题意识谋篇布局。不过与带有强烈的"罪的自觉"去研究沦陷区苦雨斋的木山英雄不一样，对日本文人战争责任的清算和追究则构成了王升远写作此书的原动力之一，他甚至要进行"日本在京战争罪行的实证性思考"。如果说木山英雄有背负着作为日本国民的连带责任坐在被告席上的自觉，王升远则站到了审判席上。令人欣慰的是，读毕全书，他所做的政治伦理评判没有予人以一种简单明快之感。他很清楚，要做好审判官，首先就要像侦探一样把案情搞清楚。这体现在《文化殖民》一书中，则是每一章都像侦探小说一样，全方位地调查资料以解读案情，用他自己的话说就是"使与'问题'相关的文本可自由进出、自由'对话'，保持必要的开放性"，揭示文本及人物形成的内在思想逻辑，构成完整的叙事文本，进而把隐藏着的普遍的结构挖掘出来。比如，1938 年 5 月 20 日佐藤春夫到北京，参加由竹内好和尤炳圻策划，保田与重郎、周作人、钱稻孙等人出席的晚宴。关于这场晚宴成为事件的起因，作者对佐藤等人要见寓京中国文化人的动机、时隔三年佐藤对晚宴从"惨不尽欢"到赞美晚宴"有滋有味"态度前后矛盾的叙述，进行了详细考察，指出肩负着政治任务的日本文人意在通过晚宴引导、动摇留京中国文化人的政治立场与倾向，并扶植和培养周作人、钱稻孙这般的"亲日派"，然而周氏等中国文化人欲摆脱晚宴的政治色彩；之后当中国文士的利用价值逐渐显现的时候，佐藤、保田等人则重估了那场晚宴，追加和改写了晚宴的意义，方有了对这场"异常"晚宴前后矛盾的两种叙事。佐藤春夫是日本战时"笔部队"的重要成员，战后一直缺乏反省，同时他把那些为帝国扩张摇旗呐喊的作品悄悄地从自己的全集里删除。张承志因为赞赏佐藤对石原慎太郎的怒斥，而把他在卢沟桥边的"失言"一笔勾销。王升远则严正声明：二者"之间并非可以相互替代或相互抵消乃至抹杀的关系，也无须张氏站在'国家'的层面为其洗脱、辩护"。他同样详尽地分析指出"人道主义"作家阿部知二北京书写的不人道，自认内化为中国人的"支那通"村上知行其北京书写的动机与"国策"之间的同一性。

王升远不仅掀掉盖在日本文人脸上的种种"主义"的面纱，还通过叙事防止自己写作中理论或者"主义"的滥用。作者发现日本文化史中话语与帝国主义互为表里的特质，故而用"东方主义"这个概念不断地揭示日本文化史关于北京的知识建构，但是他又深知用它来解释一切帝国主义模式很危险，因为东方主义并没有为人们提供一种不同的方式，所以如何能够去理解一种文化而同时不陷入文化本质主义的窠臼，便是通过叙事巧妙地把握东方主义的射程。比如，向来的研究者往往把近代中国的"肮脏、贫穷、非理性"与日本的"清洁、富裕、理性和优雅"用二元对立的表述系统，预先区分二者各自的特征，然后再把这些特征打上"本质化"的标签。作者在考察日本人对北京天桥野蛮化观念的生成时，通过丰富的史料对比了日本人的卫生观念，然后指出：

> 粪便可观的经济价值以及日本民间的厕神信仰中的清洁卫生观是日本人坚持清洁卫生习惯的重要因素。此外，日本民众思想史的代表人物色川大吉提出的"由大杂院的生活公德"发展成的作为"现代居民自治基础"的"世间道德"恐怕也是不能忽视的重要视点。须强调的是，所有这一切都是在他们知道微生物和病菌的存在之前，与科学无关，与西方近代文明也无缘。

因此认为日本人的卫生观念自古一以贯之，属于自发的民族特性，并非西方近代文明外部引发的结果，日本人将自身的"文明"与北京天桥的"野蛮"对比，则是为了合理化自身的帝国扩张。作者从而提醒："将所谓的文明批判与民族/国家意义上的'歧视'作同一观的论调值得警惕。"而在分析近代日本文化人对北京车夫的歧视与暴力时，作者也指出：那"恐怕是无国界的阶层意识与有国界的'人道主义'相叠加的产物"，并不能都归于民族歧视。与此同时，北京街头人力车这一"野蛮"事物的存在，与这座城市包容、共生的人道主义精神密切相关，它显示了不同于进化论模式和西方近代价值观的"北京价值"，那是与北京时间、北京速度互为表里的北京原理，是一种对抗文明论的逆进化论。

## 瞻仰"他者的容貌"

瞻仰"他者的容貌"，与无法理解的他者建立一种责任伦理关系，这是法国哲学家伊曼纽尔·列维纳斯（1906—1995）回归伦理的他者哲学。日本哲学家高桥哲哉借用这一说法，直接把"他者的容貌"理解成促使人类反省自身暴力的途径。王升远借用日本历史学家源了圆的话，指出日本人"对人的同情不扩大到其他民族"，即"同情的国界"的局限性问题，因此日本自我同一性中隐藏着暴力性，所谓的人道主义也成为帝国扩张和殖民统治的帮凶——这是他在这本书的绝大多数篇幅中所竭尽全力揭示的。那么，在漫长的帝国扩张路途上，是否存在超越民族界限、瞻仰"他者的容貌"的日本知识人？有，作者一一列举：松本龟次郎告诫日本在国权主张方面若不顾及中国人的感情，必然遗患无穷；长谷川如是闲指出以中国人为参照的日本人和西洋人的"兽性"；中江丑吉则是反时代潮流的最激进的反帝主义者之一；清水安三在北京开展面向下层社会子弟的平民教育；里见弴、鹤见祐辅和桥本关雪都能够珍视人类共同的文化遗产，这些力量被视为近代中日关系"绝望中的希望"。总之，只有当阿部知二的人道主义超越日本范围内的人道主义，当和辻哲郎的人际关系学探讨的不是某个共同体内部（日本）的共同伦理，而是重视他者性，近代日本所谓的人道主义、伦理才具有真正的普遍性。

遗憾的是，日本战争责任与战后责任问题持续发酵，挑动着东亚各国敏感的神经。汉娜·阿伦特指出，如果加害者与被害者形成暴力的连锁反应，势必会造成两败俱伤，必须介入暴力的锁链并把锁链切断，而介入的方式就是宽恕和惩罚。不过，王升远所做的则是审判，是去揭示日本近代文化史的暴力性，并暗示瞻仰"他者的容貌"才是和解与共生之道。他为"北京叙事"提供了一个因其中心性而显示锋利的切入点，进而以"北京"作为表述媒介，使其地域特质放大为中国原理。其著澄清了中日关系中歧异、混沌与复杂的状态，堪称具有学术创新性的难得之作。

2017 年 4 月 8 日

（原载《读书》2017 年第 12 期）

# 范士白：让日本人恨入骨髓的"日本间谍"

　　赵京华老师得知我在做"满洲国"文学研究，就把他整理出版的《日本的间谍》（中国青年出版社 2012 年版）送给了我，并以"这本书很奇特"来描述它。我翻了翻目录，大体感觉这是一本故事书，于是决定放在床前留作睡前读物。然而每每阅读，我都惊惧而起。大概到目前为止，我还没看到有一个亲历者，在讲述日军在"满洲国"统治之暴戾、腐败和野蛮时能写下如此有力的文字。满纸触目惊心的描述亦因作者特殊的身份——意大利人、中国籍、深入权力中枢的高级特工——而具有真实性，其中对受难者的同情和对日本暴政的控诉又让本书充满了道义力量。就与中国近代革命史的关联意义而言，赵京华老师把作者与埃德加·斯诺（以下简称斯诺）相提并论。由于斯诺关注的是"红旗下的中国"及其政权，自然在 1949 年之后的话语叙述中备受关注。相反，置身"满洲国"的范士白及其著作却湮没无闻。这与我们的历史情境有关。然而，在回顾中国那十四年充满屈辱的抗战历史时，我以为这个叫范士白的意大利人和他的纪实文学《日本的间谍》值得我们去铭记。

## 一

范士白（1888—1943），意大利人，原名 Amleto Vespa，另译有万斯白、范士柏、樊司派、樊斯伯等。他早年远渡重洋参加墨西哥革命，1912 年离开墨西哥，以新闻通讯记者的资格漫游美洲、大洋洲、越南和中国，足迹遍布中国的西藏、俄国的西伯利亚等地区。1916 年欧战期间随协约国联军情报处进入滨海省及阿穆尔州，一直到贝加尔湖和尼古拉耶夫斯克（庙街），其间结识了许多中日要人，包括奉系军阀张作霖。范士白深受张氏赏识，1920 年 9 月被张氏委任为特务机关要员。根据担当职务的需要，他在俄国、中国、朝鲜等地使用不同的名字和不同的护照，活动范围涉及搜集政治情报，注意别国特务人员动向，侦察土匪、偷运军火和毒品，密查贩卖白俄妇女，阻挠和破坏日俄方面的活动等。范士白因屡次破获意大利私自运往中国东北接济匪徒的军火，招致意政府对他异常不满，使出警告、逮捕、监禁等手段逼迫他回国。他最后不得不改变国籍，于 1924 年入中国国籍。1928 年 6 月 4 日，张作霖乘火车被日本关东军预埋的炸药炸成重伤，而后毙命，其后范士白仍然在东北军总参谋部工作。"九一八"事变，日军强占东北。1932 年 2 月 14 日，日本特务土肥原贤二以范士白的妻儿为人质，强迫他替日本在哈尔滨的特务机关效力。自此，范士白在日本特务机构的监视下主要从事如下活动：调查、改组哈尔滨的白俄团体；组织、指挥土匪抢劫和分化在中国东北的犹太人；利用土匪骚扰中东铁路的运营和秩序；给俄国施加压力；监视国联李顿调查团；进行绑架、暗杀等活动。但出于正义，他十分同情被虐害的中国人，强烈赞赏中国军民的英勇抗争，因此和东北义勇军保持秘密往来。他的种种行为引起日军的不满。就在日本特务机关即将逮捕他的 1936 年 9 月初，他逃往上海。半年之后，他的家眷在东北义勇军的营救下脱离日军魔掌，平安到上海。

范士白在出逃哈尔滨之前，曾受一位中国长者的委托，要他把日军在"满洲国"的暴行真实完整地叙述出来。

"我答应——全部真实。"范士白斩钉截铁地回答道。

到了上海，他感到与日本人争生存的苦斗已经到了最刚强的人的极限，但是仍认为，"没有什么东西能够改变我的计划。在日本的名义之下，在日本人的强迫之下，我已经分担了太多的罪戾，使我良心不安。至少我要赎罪，虽然那是在那些上司压迫之下所犯的罪过，至少我还能够替那些尚在被历史上最野蛮的压迫之下的人们说几句话，把真实情形告诉世界。"（马国亮：《浮想纵横》，开益出版社 1996 年版）在人道、文化和正义之名下，1937 年岁末，他终于履行承诺，完成了书稿，在书中对日军在"满洲国"的恶劣行径予以空前的揭露，并伴随着尖锐的抨击。

# 二

斯诺阅毕书稿，就预言它"必定轰动世界"。1938年秋，题为《日本的秘密特工：一本致日本帝国主义的手册》（*Secret Agent of Japan*：*A Handbook to Japanese Imperialism*）的书在纽约和伦敦相继出版，后又出版了法文版与俄文版；1942年，美国二十世纪福克斯影片公司推出电影《日本的秘密特工》（*Secret Agent of Japan*），由欧文·皮凯尔（Irving Pichel）导演，索尔·M. 沃策尔（Sol M. Wurtzel）制片。而由尊闻翻译、中文译名为《日本的间谍》的书籍从1939年1月至6月在生活书店连续刊行五版；同年还有民华译的《日本的间谍》由新生书局出版；国光印书馆又以《日本在华的间谍活动》为题在1939年和1945年两度出版此书。此外，还有译为《"神明的子孙"在中国》的版本，而且后来由中文版改编成的独幕剧、传奇杂剧和电影（阳翰笙编剧，罗军、陶金和秦怡主演）在抗战后方上演。作品在中国一经出版，好评如潮，销路也非常可观。当时的《新华日报》编辑欧阳凡海在1940年的《文学评论》中称其为抗战之后最伟大的作品，是继鲁迅、何香凝（追悼廖仲恺的文章）之后写下的最有力的文字。作家、编辑家马国亮则在《浮想纵横》中称，"万斯白是为日本人最切齿痛恨、同时却警醒着全世界的名字"。据导演袁丛美回忆，在名为《日本间谍》的电影的拍摄过程中，张治中、英国的史迪威将军等人亲临摄影现场指挥，拍摄得到英国大使馆、国民政府的军政部、政治部、防空司令部、外交部、许多机关团体以及各界人士的协助（袁丛美：《摄制〈日本间谍〉的经过》，中国电影制片厂编《日本间谍》特辑，1943 年版）；1943 年 4 月，该电影在重庆影院首映，观众十分踊跃，场场爆满。抗战胜利后，该片在上海大光明戏院连映四十多天，当时创下"二战"后国产片的最高卖座纪录（黄仁：《〈日本间谍〉的拍摄经过》，载《电影艺术》2007 年第 1 期）。

不同版本的《日本的间谍》书影

田伯烈在英文版初版序言中引用一位外国政府官员的话称:"这是我所读过的最强有力的公诉状,控诉某一阶级,某一国人,实际也就是控诉'全部不公道的制度,由于这制度使少数人统治大多数人,使千百万人在黑暗境地中做工以供养少数人的舒服和剥削,而大多数人却不能不生活在污秽和饥饿之中以维持那诡诈的营利方法。'"《密勒氏评论报》书评栏目"中国周评"(*The China Weekly Review*)的书评文章概述了本书的内容和作者的经历。书评最后说道:"本书当然已被日本禁售。但是很奇怪的,居然有几本递寄到上海了,同时万斯白的行踪,正为日本特务人员所深切注意着。"(万斯白:《揭开大秘密:日本在华间谍》,黑龙江人民出版社 1990 年版)《日本的间谍》及其衍生的作品如此轰动,让日本人对范士白恨得咬牙切齿,千方百计地要对他下毒手。1937 年 8 月,日军进攻上海之前,范士白被迫撇下妻儿,逃往马尼拉,在乡野间过着隐姓埋名的生活。1942 年年初,日本占领该地,范士白被发现而遭逮捕,于次年遇害。

# 三

史家向来重视所谓亲历者的见证文字,然而并不是每一个亲历者都像高级国际间谍范士白这样具有潜入权力中枢的身份优势。"以前没有人有过，以后也一定没有人获得日本人手下这种不可多得的地位"，使他能够见证那段历史中核心权力层的权力运作，洞察日本殖民统治在"满洲国"的政治构造，故而《日本的间谍》"毫无疑问的独特价值"就在于"这是一本揭开大秘密的书"（斯诺语）。种种大秘密包括伪满洲国建立前日、俄、意等帝国主义在中国东北的违法行为，张作霖的被害经过，日本建立"满洲国"之后白俄的反应，日军在"满洲国"烧、杀、淫、掠的法西斯暴行，被奴役的东北人民的苦难和东北义勇军的抗日斗争，李顿调查团在哈尔滨的活动，日本军方策动绑架和暗杀开斯普等重要事件，其中对细节的描写尤其令人难忘。

比如在 1932 年 2 月 5 日日军进驻"北满"重镇哈尔滨时俄国人的反应，尤其令人感到愤慨。其时作为中国东北铁道干线重塞的哈尔滨大约有十万俄国人。为什么会有如此多的俄国人呢？他们在哈尔滨的待遇如何？作者在《日本的间谍》中叙述道：

自俄国革命爆发之后，几十万俄国人逃难到满洲，在满洲他们都是并无例外地被款待为朋友的。自一九一七至一九三二年间，没有一天没有一批新的白俄逃到满洲，有护照的或没有护照的，犯法的和守法的全都一律受了殷勤照顾，得到安身之处。……满洲当局曾经竭力减轻这许多俄国政治变革的牺牲者的困苦，他们之中的几千人曾经被置于政府机关、军队、警察、铁道、矿厂和其他职务之中，往往得到比中国人还优厚的待遇。当这些白俄组织各种团体的时候，不但得到中国当局的承认，而且还由满洲政府津贴他们。那些白俄曾经得到出席市政会议的权利，他们被认为是商会的会员，等等。

然而在日军来袭的时候，范士白看到的情形却是这样的：

> 当机关枪队通过街市的时候，站岗的中国警察都被杀了，由两个日本兵来代替他们。当这扫荡活动正在进行的时候，有几千白俄出来在街上，抬着日本国旗，对这些新客高呼"Banzai!"（日语"万岁"）。许多年轻的俄国女子都被雇来迎接前进的日本步兵队，献花给那些军官，有时还连带接吻。下半天，一万多白俄的行列游行于哈尔滨各街道，一面向日本人喝彩，一面辱骂中国人。有些中国人被打，受了重伤，这就算是中国人优容宽待这班世界其他各处都闭门不纳的白俄所得的报答。

范士白不仅写出了日本兵侵略中国时的残忍，而且把当时中国政治结构中白俄的社会地位和国际冲突中的形象也描绘得很生动。

"九一八"事变之后，国联成立李顿调查团，来调查日本在中国发动"九一八"事变而形成的中国东北地区问题，以及中国的一般形势。该书详尽地描述了日本为了掩盖自己的侵略意图，采取种种措施来对付李顿调查团的调查。比如，在调查团来之前的一个月，日本人就命令一批中俄要人组织一个向国联"请愿"的委员会，而各种"请愿书"都由日本人事先写好，那些中俄要人只不过是签名而已；调查团所住的饭店处在日本人的严密包围中，调查团有可能去的重要商店、酒店等，一律由派去的侦探做雇员、侍者，调查团有可能访问的监狱里的政治犯都被转移；日本人成立组织严密的招待委员会，所有委员都要熟悉进退坐立的礼仪，谨记要说的话，稍不留神就会受到警告：倘若他们说的话比教他们说的多一个字或少一个字，就要用生命来抵偿这一多一少。此外，日本人在中国东北营造一种民众激昂地拥护"满洲国"的气氛，印制无数的小"满洲国国旗"和溥仪像，等等。所有人都被强迫买下"国旗"参加游行，而且必须使劲大叫"满洲国万岁！"这些都把日军欺世盗名的丑恶嘴脸暴露得一览无余。

该书的出版正值日本不断加紧侵华脚步的时候。其时不少国人常怀疑中外报纸上所宣传的日军的暴行言过其实，因为他们毕竟具有人类的面孔。然而读毕此书后，后方的中国人才意识到：日本的侵华战争有其必然性和残酷性，每个中国人都有落到日本人手里的可能，无论贫富，都将为日本人所奴役，即便抱着侥幸心理当汉奸也不会有好下场。"要想知道中国人的命运，必须看这本书！""我们的命运如何，这本书会答复我们！"这就是这本书在中国进入抗战最艰难时段的意义，它的出版极大地鼓舞了中国人抗日的斗志以及与侵略者抗争到底的决心，也为抗战赢得海外援助贡献了力量。

如今，该书的再版也具有现实意义。它是我们研究日本侵华史、东北地方史，尤其是黑龙江省和哈尔滨市现代史的绝佳史料。尽管随着对二战史认识的深入，我们越来越意识到帝国主义与殖民主义都不是一个简单的征服问题，并非总表现为直接性的暴力、赤裸裸的破坏、歧视和压制的态度，然而我们也不能低估和忘记日本在华的种种暴行。见证、记忆并叙述出来，使其成为公共记忆：对于个体来说，是曾经被纳入殖民体制的亲历者为保留人性光辉而作的努力；对于人类来说，是防止灾难再次发生的途径。

在说了这本书那么多的价值和重要的意义之后，我还要补充的是：它是一本好读的书。故事从一开场就营造了紧张、压抑和恐怖的气氛，一直持续到"收场语"；而惊险曲折的故事其实还在现实生活中继续。这就是本书常常让人惊惧而起的原因所在。那些历史人物，例如张作霖、土肥原贤二与无名人物的行动细节，以及重大历史事件的经纬、数据都具有真实感，能够自然而然地把读者带入历史情境。

如果说到它的缺点，或许如田伯烈委婉指出的，没有注意到大多数勤苦耐劳的日本民众。这大概跟作者要"无情地尽量暴露日本的反常无道的真相"这一写作初衷有关。另外，恰恰由于作者独特的身份经历，使他没有机会接触当时日本其他的社会阶层，我想我们对此也不应苛求。

（原载《光明日报》2015 年 7 月 18 日）

# 当内心的法庭遭遇世俗的法庭

2008 年 3 月 28 日，我清楚地记得那天清晨。在东京的一位友人家里，当看到电视里在围绕《冲绳札记》引起的诉讼中大江健三郎胜诉的画面时，我和友人相拥庆祝，为公理的战胜而喜悦。而接下来，大江氏在采访中所表现出的平静——那张脸很难读出笑意——倒让我感觉自己有些滑稽，有些无所适从。因我的喜悦和无所适从，内心生出想要了解大江氏、了解《冲绳札记》的急迫。

一

要了解《冲绳札记》，就不得不追溯自琉球处分至冲绳战乃至战后的"琉球·冲绳"的那段历史。14 世纪确立的琉球王国接受明朝册封，在明朝的海禁政策下从事中继贸易，其时日本处于战国时代。就在日本结束战国时代，从"天下统一"到建立幕藩体制的过程中，出现了征服琉球的动向。1609 年，萨摩藩出兵入侵琉球。因为萨摩讨伐琉球的真正意图，在于通过统治琉球而获得琉球对明朝贸易上的地位，在对琉球实行禁武政策的同时，极力保密攻占琉球之事，仍然让琉球以独立王国之形态继续存在。这样，琉球一方面沿袭了明朝的册封体制，另一方面逐渐被纳入幕藩体制。也就是说，幕藩体制下琉球的地位，是以东亚册封体制的存在为前提而建立起来的。就在清朝日趋衰落之际，日本决定通过打破册封关系实现其入侵海外的企图。1872 年，日本设琉球藩王，完成琉球所属的第一步。1874 年派兵台湾，制造否定清朝对琉球册封关系的既成"事实"。次年，强迫琉球国王停止向清王朝的朝贡。1879 年，强行"废藩置县"，改"琉球"为"冲绳"。甲午战争后，日本趁占领台湾之机正式"解决"琉球的归属问题。至此所完成的"琉球处分"，使日本迈出走向殖民国家的第一步。

如果说"琉球"会唤起近代以来我国知识人的"乡愁"，那么在 20 世纪 40 年代的太平洋战争末期，在冲绳岛上发生的惨绝人寰的冲绳战对于我们来说则是遥远而陌生的，那场战争只让我们记住了凶残的日军，或者依稀还有广岛、长崎的原爆记忆。十万冲绳岛民的血痕在日本教科书中一点点地被抹拭。

那是 1945 年 3 月，美军为掌握整个琉球群岛的制海权和制空权，建立进攻日本本土的基地，攻占冲绳岛。为了达到尽量迟滞美军进攻日本本土这一目的，日本军队决定在冲绳全力抵抗美军。当时，驻守冲绳的日军第三十二军司令官下达"军官民同生共死"的命令。军队还下达"为了不妨碍部队行动，为了向部队提供粮食，民众需要英勇自决"的命令。而冲绳岛民认为成为敌军的俘虏是最为可耻的事，加之军方宣传"一旦投降，男人便会被杀死，女人则将遭到强暴"，并向岛民提供手榴弹。在美军登陆、进攻之际，至此而进行的所有这些准备使得"集体自杀"一下子成为事实。而在太平洋战争结束之后，于冲绳人而言的"战后"，只不过是"战火"中的战后：冲绳又成了贮藏美军的基地，并成为从朝鲜战争一直持续至越战的战场。自"琉球处分"以来，冲绳不断遭到日本政府和日本人的弃绝，那里的人们在痛苦而执着地斗争着。

## 二

在围绕《冲绳札记》的诉讼中，大江氏明确表示，作为本土的战后一代，他在该书中想要阐明的主旨有三。其一，自明治近代化以来，通过不断的琉球处分，冲绳人被纳入日本体制。在这个过程中，彻底的皇民化教育塑造了怎样的民众意识？如何酿成 1945 年冲绳战中的悲剧？其二，随着《旧金山和平条约》生效，"离开"本土的冲绳人在美国军事政治统治下将继续忍受大规模军事基地的存续，以及由此带来的苦难。其三，在太平洋战争之前的近现代历史中，本土日本人对冲绳一直持歧视态度；战后，本土的和平与繁荣又是以冲绳付出的巨大牺牲为代价的。大江健三郎在思考：本土的日本人是否意识到这一点？进而追问：日本人是什么，能不能变成不是那种日本人的日本人？并努力寻找着答案。这些问题的探讨让他陷入晦暝的精神深渊，陷入瘫软无力和绝望的状态，故而行文中常常出现"深渊""无力""绝望"等字眼。原因是，那些向冲绳投以歧视目光的、用冲绳巨大的牺牲换来自己的和平、繁荣的本土日本人，就是自己的同盟、替身，或者是血脉相连的兄弟，甚至就是他自己。尽管属于战后一代，作为本土日本人，他无法自外于那场战争，无法自外于冲绳人的鲜血，冲绳人的牺牲就是对生而受苦的他的惩罚，他被判了罪，他感到苦涩、战栗、恐怖，但他无法，也不愿意澄清自己存在的无辜，并且发自内心地、真诚地认同冲绳人对自己的拒斥。以自我批判、达成自我认识为契机，他清晰明了地揭示了上述一系列问题，并揭发了冲绳战中"集体自杀"的事实。

正是《冲绳札记》中有关"集体自杀"的记述，使大江氏成为这一场民事诉讼中的被告。尽管时隔几十年，内心法庭的审判——无论是就过程而言，还是就其意义而言，都尚未终结，他却突然被推上世俗法庭的被告席，无法不让人感到担当存在的荒诞，这或许就是宣告胜诉后的大江氏面无表情的真正理由吧。在他看来，自"琉球处分"以来，以琉球、冲绳民众之死作为抵押来赎回本土日本人的生，这个命题在血腥的冲绳战场清晰有形，并一直绵亘至核战略体制下的今天。只要冲绳的状况还在持续，那么从公共的立场上讲，对于冲绳和冲绳人而言，本土的日本人就罪不可赎，也不存在真正的忏悔。

然而事实上，"集体自杀"事件的责任人安然无恙地回到27°线隔开的、追究不到战争责任的日本本土，隐匿在人群中，摇身一变，成了"善良"的市民、慈爱的父亲，直至今天也没有对冲绳进行任何赎罪。相反，他们依靠日渐稀薄的、歪曲的记忆将罪孽加以相对化，并不遗余力地篡改过去的事实。比如，把自己对陷入孤立无援境地的妇女实施的强奸行为置换成"美丽的瞬间的爱"；又比如，为了不妨碍军队行动，让军队在作战中没有后顾之忧，冲绳居民"自行"选择了死亡——这样的死不是很美、很壮烈吗？并且幻想着，如果有机会去冲绳，当本土的刽子手与冲绳的幸存者再会时，是否有可能沉浸在"甘甜的泪水"中就此"和解"呢？

# 三

德国纳粹高官阿道夫·艾希曼在"二战"后经历了漫长的逃亡生涯，最终被逮捕。1961年在耶路撒冷受审时，他建议在公众面前判处自己绞刑，并说，这是自己为了消除德国年轻人内心罪孽的负重而尽的分内义务。大江氏曾经想象过这样一副光景：让一个日本人站在虚拟的冲绳法庭上，从他嘴里发出艾希曼说过的话，将"德国"置换成"日本"。之后连他自己都觉得这幅画面令人作呕。理由是，冲绳虚拟法庭上的守备队长是相信自己什么罪孽都没有的，而且日本年轻人的内心并没有如德国年轻人那样背负罪孽的重担。大江氏因而担心：战后的日本在重新一点点地构筑迈向大规模国家犯罪的错误结构。而只要看一看 2008 年 8 月 15 日在靖国神社反对大江一案审判结果的签名活动的火爆场面，就可以想象，有多少日本国民因为无知，或者装作无知置身在可怕的险境中。

2005 年 8 月，冲绳战中驻守冲绳座味间岛的守备队长梅泽裕少佐以及渡嘉敷岛的守备队长赤松嘉次大尉的弟弟向大阪地方法院提起诉讼，状告岩波书店和大江健三郎，认为《冲绳札记》中有关军方强令民众"集体自杀"的表述是"虚伪的事实"，以"名誉受到损毁"为由，要求作者大江健三郎以及岩波书店停止发售该书，并赔偿两千万日元作为精神损害补偿。

其实，《冲绳札记》中根本就没出现"集体自杀"事件责任人的名字。起初，大江氏是通过上地一史写的《冲绳战史》和冲绳时报社编的《钢铁暴风》这两本书了解到关于在冲绳战中发生的"集体自杀"的详细情况的。他原本打算引用《钢铁暴风》中的相关记述，但考虑到其中出现赤松的名字，最终决定放弃。在大江氏看来，个人无足轻重，只有将其作为一个普通日本人的想象力问题来把握时，才能挖掘出横亘在事件深处的课题，而这个课题就是日本近代化以来的皇民化教育渗透到冲绳的国民思想——日本军第三十二军强加于冲绳民众的"军官民同生共死"的方针——列岛守备队长的这种纵向构造，它的形成及其运作形态。如果说置于该纵向构造顶端的守备队长抗拒上级的命令，去阻止"集体自杀"，从而避免了那场悲剧，大江氏则认为有必要记录下他的名字。然而守备队长只是谨守军纪，认真执行命令，绝对服从帝国命令，驯服地参与"由国家机器所组织的行政谋杀"，充当犯罪国家的代理人——这也就是汉娜·阿伦特所谓的"平庸的恶"——最终酿成极权主义之极恶。因此，就不能把引发悲剧的罪责全部放在具体行为者的身上，而是每个普通的日本人都应该接受审判。否则，那就是一种"集体自我欺骗"和"集体失忆"，它的危害不在于让历史留下空白，而在于危害人类的未来。

在青年大江氏的思考中，可以清晰地看到汉娜·阿伦特的影响。阿伦特指出，极权主义无论在哪里实行，它都与摧毁人的本质相始终。艾希曼的罪恶在于他心甘情愿地参与极端统治摧毁人性的"伟大事业"，毫无保留地将体现这种"伟大事业"的法规当作至上的道德命令，并心安理得地逃避自己行为的一切道德责任。大江氏在文中多次引用她的观点，不仅一样具有洞见、睿智，也同样表现出了在黑暗时代勇于承担公共政治的责任。焦点稍有不同的是，阿伦特系统地探讨了极权主义的酝酿、产生、发展的详细过程，以及极权主义下人的责任问题；作为作家的大江氏则侧重探讨上述日本极权主义下的纵向构造，与这种构造中人的——而非某个具体人的——责任问题，这是他从耶路撒冷得到的教训。

大江氏从耶路撒冷得到的道德教训还有：对极权主义所造成的罪恶是无法用友情去宽恕、用爱去容忍的，用他自己的话说，刽子手和受害者是无法在泪水中和解的。当然，那罪恶也无法用恨去复仇。

那么问题就浮现出来了。其一，在《冲绳札记》中并没有涉及原告梅泽裕和赤松嘉次的名字，也没有对他们个人的攻击，他们的名誉怎么就受到损毁了呢？其二，"集体自杀"事件发生在"二战"末期，《冲绳札记》刊行于1970年，为什么时隔几十年后才以损坏名誉之罪提起诉讼，为什么在此之前不见抗议，而今突然提起诉讼？实属罕见。其三，在创作《冲绳札记》之前，大江氏尽可能多地阅读了冲绳当地出版社出版的与冲绳有关的图书，并走访了冲绳众多的知识分子，其间所学、所闻成为他创作《冲绳札记》的基本资料，也形成了他基本的冲绳观。也就是说，《冲绳札记》并非首次，也不是唯一揭露冲绳战中"集体自杀"的书。那么，为什么大江氏会成为被告？

# 四

或许我们可以从这场官司的出炉经纬找到端倪。战败之初的日本文化界曾发出追究文化人战争责任的声音，此后日本的文学艺术着力于凸显普遍性或传统日本美的特性，极力淡化"日本鬼子"的形象。川端康成于1968年获得诺贝尔文学奖。他在获奖仪式上的演说词《我在美丽的日本》就极具象征意义。说到影视，谁又能否认电影《追捕》是改革开放之初许多中国人的爱情启示录？而我及我那一代人也不可抗拒地领承着《聪明的一休》等作品对我们幼小心灵的滋润。

但战后对日本军国主义战争责任的清算极不彻底，再加上日本社会自20世纪90年代经济的持续衰退而产生的不安心理，日本政界渐趋保守的"新民族主义"抬头，于是兴起一股日本右翼势力美化、淡化或是否定侵略战争的潮流。在这股潮流中，东京大学教授藤冈信胜以反对历史教育中的"自虐史观""黑暗史观"为由，组织"自由史观研究会"，参与编纂新的日本历史教科书，以此对抗"东京审判史观"。他于2005年4月呼吁开展"冲绳研究课题"，声称要在"战败六十年之际，揭开'冲绳战集体自杀事件'的真相"，在否定南京大屠杀、歪曲从军"慰安妇"性质的同时，否定冲绳战中日军下达"集体自杀"的命令。

　　而在他的系列活动中，也出现了梅泽裕的身影。2005 年 8 月 5 日，梅泽裕和赤松秀一向大阪地方裁判所提起诉讼，并在二审中出示了日本文部科学省审查的教科书，认为文部科学省的立场同样是否定"集体自杀"命令的真实性。而日本文部科学省的确后于 2007 年 3 月以"有关强制集体自杀的记述，是否由于军方下达命令尚不明确"为由，将"军方强制"字样从历史教科书中删去；在遭到冲绳十一万民众于同年 9 月 29 日举行的大型集会抗议之后，仅仅将"强制"改成非常具有日本官僚特色的"参与"这样暧昧的字眼，而且表示：如果送审的出版社要求撤回该稿，可以维持原来的表述。

　　在自由史观的理论教唆下，在强大的国家机器扶持下，借庞大的三十人的律师团壮胆，就这样，尚未通读过《冲绳札记》的当年的刽子手"理直气壮"地走上了法庭，将战时国家机器操纵的犯罪行为巧妙地转换为个人的名誉问题。在历经两次败诉之后，原告并不讳言其强烈的政治诉求，声明自己提起诉讼的目的并非仅在挽回个人名誉，而是让它成为一个事件，敦促通过审查的教科书删除"命令""强制"的字眼，重写历史教科书，进而重塑国民的历史认识。

　　作为战后的民主主义者，大江氏反对一切凌驾于民主主义的权威和价值观：对国家主义和天皇制持严厉的批判态度——相对于川端康成的演说词《我在美丽的日本》，大江氏获诺贝尔文学奖时的演说词《我在暧昧的日本》同样具有象征意义。为保护放弃战争的日本宪法第九条的理念，他与加藤周一等人结成"九条会"，在日本全国各地举办演讲会。

大江氏何以成为被告，还原到时代脉络中则是因为：他在冲撞、挑战、触犯逐渐右翼化的日本社会的"道德"、禁忌、伦理；他揭示了历史真相，颠覆了某些"规范"，强化了某些意识。而这些，是某些权力所不允许的。

一次民事诉讼由此演变成一场政治对决、一场挑衅与护卫历史之战。这也说明那一段历史还没有过去，依然是一段活着的历史。也正是在这个意义上，可以说，《冲绳札记》在与历史同步，或者说，走在了历史的前面：2011 年 4 月，尽管大江氏在三次审判中获得胜诉，他所要揭示的问题依然悬而未决，美国和日本政府依然在用强权践踏着冲绳的心。所谓"冲绳的心"是冲绳的和平祈念资料馆的建馆理念，其内涵是：人性的尊严高于一切，坚决反对一切与战争有关的行为，追求和平，格外珍惜发自善良人类灵魂深处的文化遗产。如今，冲绳人抗议日本政府修改教科书的声音淹没在政治家的私念中，淹没在媒体的欲望中……大规模的抗议活动无法天天持续，可日日抚琴而歌总是可能的吧？但愿冲绳不是在这个意义上才被称为"艺能之岛""歌岛"的。

2008 年 10 月 10 日

（原载《博览群书》2010 年第 8 期）

# 冲绳战场的"收尸人"

"二战"时期的冲绳是日本战略意义上的"国门"。冲绳岛若是失守，日本军队将丧失对日本本土、朝鲜半岛及中国沿海的控制。1945 年 3 月，美军发动了登陆日本冲绳岛的"破门之战"。为了达到尽量阻碍美军进攻日本本土这一目的，日本军队决定在冲绳全力抵抗。这场战役异常激烈，双方伤亡惨重，在英语世界里有"Typhoon of Steel（铁之风暴）"之称，日语则用"铁雨"或"铁暴风"来表达。同时，造成数万名冲绳当地平民丧生、受伤或"集体自杀"。

## 冲绳战场的"收尸人"

在战后的很长一段时期，"冲绳民众在战时选择自杀也不投降"被理所当然地理解为"日本和日本人"的特性而被叙说着。到了 1965 年，日本本土的青年作家大江健三郎踏上冲绳的土地。他大量阅读冲绳战史，既多方调查访问，也不断地与冲绳历史废墟上的幽灵对话。

1970 年，他将陆续写下的有关冲绳的散文札记结集为《冲绳札记》，由岩波书店出版。该书描述了日本近代化以来冲绳的前身琉球被纳入日本的曲折过程，冲绳、冲绳民众与日本、日本人之间的关系。他认为，冲绳战的悲剧和冲绳人的命运是日本近代化以来皇民化教育的结果。这本书还描述了作为美军基地的冲绳，被迫协力朝鲜战争和越南战争的苦情，以及由美国返还施政权后冲绳县民的生存状态，揭示了在核时代的东亚体制中冲绳的"棋子"角色和"弃子"命运。作为小说家，他摈弃说教口吻和充满学术气息的注释和引文，用细节来呈现冲绳的历史与现实，同时把自己放到故事当中，不断地引发思考，用生动的语言不断地揭示真相，挑战日本"正统"历史叙述的漏洞和盲点。而揭示的真相之一，就是所谓冲绳民众的"集体自杀"，其实是在日军的命令下被迫的"集体自杀"。

当战争结束，战场被清理干净之后，作家来重新审视战争以及由此引发的灾难，让他笔下的文字与人类苦难的记忆相联系，这就是文学的力量。因此有人称作家是"收尸体的人"。而正是在这个意义上，我把大江健三郎称为冲绳战场的"收尸人"。

## 挑衅"历史真相"

时隔近四十年之后的 2005 年 8 月，时任冲绳战中驻守冲绳座味间岛的守备队长梅泽裕少佐以及渡嘉敷岛的守备队长赤松嘉次大尉的弟弟向大阪地方法院提起诉讼，状告岩波书店和大江健三郎，认为《冲绳札记》中有关军方强令民众"集体自杀"的表述是"虚伪的事实"，以"名誉受到损毁"为由，要求作者大江健三郎以及岩波书店停止发售该书，并赔偿两千万日元的精神损害补偿。

　　然而事实的真相是：大江健三郎并没有在《冲绳札记》里记载"集体自杀"事件责任者的名字。大江在搜集资料的过程中，本打算引用上地一史的《冲绳战史》和冲绳时报社编辑的《钢铁暴风》中的相关记述，但是考虑到其中出现了赤松的名字，还是决定放弃引用。大江的初衷是这样的：追究某个个体并无意义，只有挖掘出事件发生的结构性问题才是有意义的，而这个结构性问题，就是日本近代化以来的皇民化教育渗透到冲绳的国民思想，日本军第三十二军强加于冲绳民众的"军官民同生共死"的方针，列岛的守备队长这种纵向构造，它的形成及运作形态。如果说这个构造系统上的守备队长抗拒上级的命令，不去动员或者阻止冲绳民众的"集体自杀"，从而避免了那场悲剧，那么大江认为历史应该记载这个守备队长的名字。然而守备队长只是认真而机械地去执行命令，驯服地参与了"由国家机器所组织的行政谋杀"，最终酿成罪恶！因此，把引发悲剧的罪责归咎于某个具体的执行者是无意义的，应该做的是打破那个结构，并且在更高的意义上，即所有的日本普通人都要接受审判，否则那就会造成"集体失忆"。而"集体失忆"的恶果不仅在于留下历史空白，更在于伤害未来。比如相较于艾希曼审判之后弥漫于德国年轻人中间沉重的罪责感，日本年轻人则欠缺对历史的罪责感。比如对罪责的追究上，艾希曼于1962年5月末的耶路撒冷法庭上受到绞刑的判决，而到了1970年，再度访问冲绳的原守备队长却并没有受到冲绳民众的审判，并且这些守备队长并没有罪的自觉，也没有赎罪的意识。他们也不会去读批判守备队长的《冲绳札记》。

《冲绳札记》以及围绕它的诉讼意涵异常丰富，原本应该引起舆论的普遍关注。但是，诉讼结果公布之际，日本国内的几家大报只是将其作为普通新闻，以通稿的形式作了附带图片的报道，尽量淡化诉讼的焦点和意义以及终审之后原被告双方的反应，等等。而我国的重要媒体也很少关注围绕《冲绳札记》的诉讼案。这与我国的媒体和学界长期忽视战后的冲绳问题有关。因此，有必要去探究"大江健三郎·岩波冲绳战审判"的意义及其引发的连带思考。

## 市民空间的形成与对历史的护卫

这场被称为"大江健三郎·岩波冲绳战审判"的诉

讼持续了五年八个月，双方经过十四次法庭辩论，于2011 年 4 月 21 日迎来终审判决：太平洋战争末期冲绳战中的"集体自杀"与日军的参与有关，《冲绳札记》中所涉相关内容并未损害他人名誉，驳回原告的停止发售该书、赔偿精神损害和登载谢罪告示等上诉请求，大江健三郎和岩波书店赢得了最后的胜利。

法院的裁定有利于日本文部科学省在检定历史教科书时做出参照，使冲绳问题能够在教科书中得到正确的表述。然而就在 2011 年 4 月初通过日本文部科学省检定的历史教科书中，依然有篡改冲绳战中冲绳住民被日军逼迫"集体自杀"的历史的现象。而原告也声称，其目的并非仅在挽回个人名誉，而是让诉讼成为一个事件，敦促通过检定的教科书删除"命令""强制"的字眼，重写历史教科书，进而"重塑"国民的历史认识。就像宪法学家奥平康弘在《记录·冲绳"集体自杀"审判》（岩波书店编，上海译文出版社 2017 年版）中说的："这场诉讼乃是借民法七〇九条看似尊重个人名誉的自由主义制度，来试图达到对战争乃至战前日本等的历史意识形态加以修饰的早有预谋的一个例证。"与历史教科书审查问题互为表里的还有所谓"恢复"日本军的名誉问题、修改宪法问题、维持还是改变日美同盟问题，等等。虽说本案的胜诉有助于粉碎日本推卸战争责任、走向战争的企图，但是可以预见的是，从胜诉到普通民众认识论层面的根本变革，其间还有相当漫长的道路要走。

　　不过在诉讼过程中，在社会活动家和历史学家的倾力推动之下，大江健三郎和岩波书店获得了市民广泛的支持，日本民间组成各种支援团体，如"大江健三郎·岩波书店冲绳战审判支援联络会""不容歪曲冲绳战历史、促进冲绳和平教育会""支援大江健三郎·岩波书店冲绳战审判、弘扬冲绳真相的首都圈会"等，日本市民通过集会、讲演活动与本案的被告方形成互动，丰富了相关知识和历史认知。自觉护卫历史的市民空间的形成，可以说给被告注入了巨大的力量。

　　而更为重要的是，胜诉将冲绳问题再次推到人们的眼前，希求日本政府能够调整、减少和撤除美军基地，明确指出冲绳在《日美安保条约》下被迫付出的巨大牺牲。我们早已注意到，日本媒体漠视本诉讼案的原因在于：日本政府和媒体已经达成默契，对所有反对政府路线的社会运动一律不予报道或者少报道，而这种回避的态度在有关《日美安保条约》的社会运动上表现尤为明显，其中又以冲绳问题的报道最为突出。这里试图遮掩的问题是：日本政府无视自己作为美国推行世界战略的亚洲工具，无视生活于美军基地的冲绳人在处于战备境况下随时面临生命危险的事实，这里掩藏着日本对于历史和未来走向认知的奥秘。所以说，把冲绳的基地问题视作衡量日本的国家性质和日本民主主义进程的尺度，有其合理性。

　　审判结束翌年，岩波书店出版了《记录·冲绳"集体自杀"审判》一书，详细记录了诉讼提起的历史渊源、诉讼的争论焦点、审判过程、诉讼意义，同时拷问了历史修正主义。该书作者由作家、哲学教授、法学家、律师、新闻记者、冲绳史专家、官员、和平运动者和高中历史教师构成。那些作家，例如大江健三郎、目取真俊，都走出书斋，以不同的形式参与到实际斗争中。作为"战后的民主主义者"，大江健三郎一直对国家主义和天皇制持严厉的批判态度。为保守放弃战争的宪法第九条的理念，他与加藤周一、井上厦、梅原猛、小田实、泽地久枝、鹤见俊辅等九人结成"九条会"，在日本全国各地举办演讲会，试图通过面对面的谈话，让市民建立理性的政治判断，以此传播维护和平宪法第九条的信念。大江健三郎的诺贝尔文学奖获得者身份的影响力无疑对逐渐右翼化的日本社会的道德、禁忌和伦理构成了巨大的挑战，而这是日本保守势力所不能容许的。但他从来没有放弃过斗争。那些哲学教授，例如高桥哲哉，为了研究作为问题的事态，比如战争、大屠杀、战争责任等，使用所有可以使用的方法，直到自己弄懂为止，这成了他的哲学。宪法学家奥平康弘和松井茂记聚焦于司法，特别是日本宪法所保障的表达的自由这一观点来分析案情。就在赵京华老师孜孜翻译"九条会"成员之一奥平康弘的文章时，奥平先生离开了人世（2015 年 1 月 26日）。当我把这个消息告诉他的时候，他连连感慨。死去的人，他的思想得以继承，我想，这是对他最好的怀念，也是不同民族之间建立连带感、表达对先辈敬意的一种独特方式吧。以学术为底色，以捍卫历史正义为追求，是被告及其后援团的活动特征，故而这样的知识人同样是冲绳战场的"收尸人"。

那些关注《冲绳札记》，关注大江健三郎、日本问题和东亚问题的读者，对于《记录·冲绳"集体自杀"审判》的出版或许会感到欣喜。然而同时由于此书是不同的人针对同一个事件的写作，所以在表述上难免有重复的地方，这大概也会引起读者的不满吧。但是如果我们考虑到，批判一个历史谎言需要不同的、反复发出的严正的声音，我们或许会原谅此书在这一点上的不足。日本是一个多元化的民主社会，尽管呈现出向右转的趋势，但它并非只有恶意篡改历史的右翼，并非只有令人容易沉湎其中的动漫，还有以生命来维护历史正义、热爱和平的大多数民众。其中让人动容而不能不提的，就是被列入本诉讼案被告的家永三郎及其《太平洋战争》。"二战"之后，他编写的高中历史教科书《新日本史》一直被日本当局采用。但在1963年历史教科书检定中，却被文部省视作"不合格"。为了维护学术尊严和历史真实，家永先生与日本政府打了近四十年的官司。由于家永先生去世，此书围绕他的文字并不多。我希望家永三郎和他的《太平洋战争》一书也能够得到译介，毕竟那里有我们的历史，比如南京大屠杀，等等。

让我们来看一下《记录·冲绳"集体自杀"审判》

中的核心观点。

高桥哲哉在《访谈：浮出水面的"靖国"思想——教科书修改的背后》一文中首先指出：自由主义史观持有者想要操纵冲绳战役的历史记述问题，与日本目前正在进行的修改宪法第九条这一潮流有紧密关联。日本宪法第九条的改定要依靠最终的法律性结论，那就是让自卫队以自卫军的名义变成"新日本军"，以自卫或者维护国际和平等为理由行使武力。换句话说，就是让日本成为一个能够进行战争的国家。曾经的"大日本帝国战争"，得到了以靖国神社和忠君爱国教育为两大支柱而制造出来的"国民精神"的支撑。如果国民在国家危急之际能够遵循"舍命尽忠天皇和国家"这一教育敕语的教诲，就会成为"靖国的英灵"。那么按照这样的逻辑，说冲绳民众的"集体自杀"是在日军命令下被迫进行的，显然有违教育敕语所塑造的"国民精神"。那么，一旦日本成为一个能够进行战争的国家，如何让国民为了"殉国"崇高而纯洁地献出生命？因此那些人极力抹杀历史记忆，让冲绳战役的记忆"靖国化"。另外，高桥指出，持自由主义史观者否定冲绳战役中民众被迫"集体自杀"一事，其手法如同否定南京大屠杀、否定从军"慰安妇"一样，就是通过纠缠细节，从而制造出全体都有问题、否定事件性质的印象。比如，对南京大屠杀死亡者人数的质疑，在"慰安妇"问题上纠缠于"慰安妇"的自愿与否，等等，对整个历史事件的性质乃至历史社会结构的基本特征加以否定，结果使得到学界共识和受到多数文献支持的观点不能写进历史教科书。

目取真俊在《某教科书检定的背景——冲绳的自卫队强化与战争的记忆》一文中认为，1972 年施政权返还，冲绳同时成了美军以及日本自卫队的基地。而"军队不保护住民"这种意识已经在冲绳县民中广泛扎根，冲绳民众从冲绳战役的记忆中产生的对旧军人的反感以及对战争的否定，都成为在冲绳设置基地的感情障碍。因此淡化旧日军的暴行、谋求暧昧化表述，是强化日本自卫队、日美加强军事同盟的必然要求。

奥平康弘在《名誉损害与表达的自由》一文中指出：原告把岩波书店列入被告，提出《冲绳札记》等特定书籍"不得出版、贩卖及继续刊行"这一罕见的诉讼请求，实际上是试图达到对战争乃至战前日本历史意识形态加以修饰的目的，是反民主主义、与自由表达为敌的行为。法院的判决，对于作为对起诉人团体的粗暴企图设定了意义深远的防止基准，富有开创先例的价值意义。

## 诉讼之于中国的意义

如果将更多的与此次诉讼相关的历史事实关联起来，我们会发现，挑起"大江健三郎·岩波书店冲绳战审判"的辩护律师，也曾参与否定南京大屠杀的"百人斩"这一事件；同样是这个团体，在"慰安妇"问题上也有他们"奔忙"的身影。这就提醒我们不能把冲绳历史与南京大屠杀、"慰安妇"等历史事件割裂开来考虑。对冲绳历史真相的追问，构成了东亚地区追究日本战争责任的有机组成部分；借由冲绳问题再来重新审视南京大屠杀问题、"慰安妇"问题，就能更为清晰地去理解日本社会的政治结构问题。以此诉讼案为契机，加强历史认知，转向对现代东亚思想的探索，加强东亚之间的连带感，才是我们要努力去做的有意义的事情。

2017 年 7 月 31 日

（原载《中华读书报》2017 年 9 月 27 日）

# 南京大屠杀之后，写诗是必要的

1937 年 12 月日军在南京屠城的时候，堀田善卫（1918—1998）正和他周围的小伙伴耽读欧洲文艺。也许在他的心目中，那场大屠杀就是媒体上日军有秩序地进入南京城的威武模样，它跟此前日军占领中国东北、攻克北平没有什么区别——并且这一切都与他无关。1942年 9 月，为了配合战争进程，他这一届庆应大学的学生被要求提前半年毕业，这让孜孜学业的他对"被国家强行赶出校门"心怀怨怼。1944 年 2 月接到征召入伍令，他因肋骨骨折幸运地躲过了征召。1945 年 3 月为了躲避频仍的美军空袭，堀田托关系搭上了飞往上海的海军飞机。

总是逃避战争的堀田到了上海，他描述说："在上海着陆的一瞬间，犹如遭到闪电击打一般猛然意识到，战争的性质绝非如在国内时所说的那样。"（《祖国丧失》）上海街头日本宪兵公然侮辱中国新娘，他"只觉血涌头顶，不觉冲过马路，扑向那日本兵"，结果换来日本兵的拳脚交加（《在上海》）。这一幕和后来的上海岁月成了他重要的思想资源，使他彻底打破了艺术至上的理念，开始观察和思考日本发动的这场战争意味着什么，以及中日双方的关系和命运。

1945 年 8 月日本战败，堀田滞留上海，在国民党中央宣传部的对日文化工作委员会任职。1947 年 1 月回国，开始了有关中国的持续写作。1952 年，堀田凭借《广场的孤独》《汉奸》获得第二十六届芥川文学奖，成为日本被"出版界与读者宠惯、仿佛天赋特权的作家"（张承志评价堀田语），作品一部接着一部出版，好评如潮，他也无可争议地坐稳了"战后派"作家的头把交椅。吊诡的是，堀田倾注了最大的生命力创作的长篇小说《时间》于 1955 年由新潮社推出后，却陡然遇冷，仅有的评论只是围绕着情节安排和人物的"虚假"大做文章，完全无视作品的思想内涵和文学史意义。面对炙手可热的作家，当时热闹的日本评论界何以陷入集体缄默？

原因只有一个：这是一部描写南京大屠杀的作品。

"二战"时的石川达三在其纪实文学《活着的士兵》中描述了南京大屠杀时日军的残暴行为，以及战争的残酷性。作品甫一发表，刊载作品的《中央公论》1938 年 3 月号即遭销毁。在被日本特高警察思想调查时，石川承认自己的写作初衷本无反战反军之"阴谋"，纯属"无心之失"。从那以后，基本没有日本作家涉及南京大屠杀这一题材。战后远东国际军事法庭开展对日本战犯的审判，日本社会也经历了左翼主导的对战争责任的清算。正是在这种时代氛围中，堀田的《时间》诞生了。

　　小说采取日记体，记录了从 1937 年 11 月 30 日至次年 10 月 3 日（其中有五个月的空白期）日军屠城前后的情状，讲述者"我"是三十七岁的中国男性陈英谛，有欧洲留学背景，是国民党海军军部的文官，因妻子莫愁即将生产，儿子英武尚幼（五岁），一家并没有随大多数官员逃往汉口，而供职司法部的哥哥英昌不仅不顾弟弟的安危，举家逃亡，还嘱咐弟弟看守家产。结果南京沦陷，陈英谛的宅院被日军霸占，妻儿被杀害。从沦陷的苏州前来投亲的表妹杨妙音遭到日军强奸后染梅毒，接着海洛因中毒。他本人也沦为伺候日军上尉桐野的男仆。

　　这里有一个奇妙的身份错位：作者化身为亲历大屠杀的中国人陈英谛，而每一天战事的推进和死伤状况，都以战后公布的史料、多方搜集的资料为依据，比如远东军事法庭的庭审记录中检方举证的南京大屠杀的第一手资料。变身中国人，让肉身饱受摧残，进而强烈地诅咒日本，不顾危险地用文字来记录日军的暴行，己身是否能代替日本人承受历史的惩罚，来尽一份清算日本战争责任的义务？我想，这是作者创作的一个初衷。同时恰恰因为堀田是日本人，所以面对中国一切具有"严酷"之美的东西，比如紫金山坚硬的砂岩山体、紫金山山顶的革命纪念塔、表情怪异的佛像、寺庙里的鼎、明孝陵的石人石兽，叙述者"我"都感受到不可征服的恐怖力量，于是作者在小说中让这种坚硬的意象反复出现，不断地对"我"形成压迫，以此确证种种来自中国的永恒的、不易被征服的力量。这样，他眼里的中国就不再是狂热的军国主义分子眼中失去男根的、阴柔的、任人宰割的沉默的"客体"。并且叙述者把每一个死去的中国人都看成是有灵魂的"个体"，说那"死去的，和今后将要陆陆续续死去的，不是几万人的死，而是每一个人、每一个人的死"，说"几万人和每一个人、每一个人，这两种不同的计算方式之间，有着战争与和平之间的差异，有着新闻报道和文学之间的差异"。叙述者之所以强调个体，是担心"空洞的数字可能会抹消观念"。而作者的担忧在大约四十年后变成事实：那些日本历史修正主义者将南京大屠杀的战争责任和伦理问题转化为数字争论，进而否定大屠杀的真实性。

毋宁说，随着作者思辨的展开，沉默的"客体"渐渐地转化成了具有抵抗意识的"主体"，完成了自我救赎。他先从清算自己的过去开始："我自己的过去，不全是光彩之处，也充满了背信的荫翳，充满了罪恶、病菌，充满了自然的原态，甚至有腐坏得散发腐臭的地方。我必须与之搏斗。"南京沦陷，作为亡国奴的"我"发生了分裂，"我把一个还活着的人，扔进了死尸堆。那个死者被我抬着的时候，还没有死去，他还活着"。受害者同时成为加害者！他不断地反省、寻找到的救赎之路是：不让恐惧占据太多的时间；歼灭激情，因为它是被动的产物；克服绝望的状态，去掉做奴隶的虚假幸福感；不依靠爱国心来抵抗，而是革新自我，让意志参与进来，因为"认识革新之剧，才是我将演出的戏剧"；不封闭自己的精神，寻找抵抗的同类。于是，在磨刀匠和农夫的刀、锹和镰刀的不断敲击刺激下，他战胜了虚脱感和绝望。在他眼里，中国民间蓄积的反抗力量异常强大，然而在当时的文化先驱，比如周作人那里却难以寻觅。

　　然而个体实现救赎，不足以揭示沦陷下中国人的精神图谱。叙述者对大屠杀过程中一些中国人的顺从，沦陷下的与敌合作，面临民族灭亡却不停止党争，"政府被战争绑架，失去了对于中国自身的历史道路和历史进程认识"等的描述，都触动了战时一些中国人的精神弊端。大敌当前，市区内没有发动任何有组织的抵抗，有组织的街巷战也全然没有展开，困在城里的人，愿意凭借某种"期待"活着；那些被分为千人一组即将遭到日军扫射的人，后面一组总以为帮着日军去清理前面一组的尸体，将其扔到扬子江里，就能保全自身！结果却是"待他们劳作完成后再杀掉"！他们根本不愿对生存的现实进行思考判断。汉娜·阿伦特用"无思"（thoughtless）来形容发生在奥斯维辛的相同状况。她说自己从耶路撒冷学到的一个教训是：恶的本性或许是人生来固有的，而这种远离实际和无思，能比人的一切恶的本性造成更大的破坏力。（《艾希曼在耶路撒冷》，译林出版社 2017 年版）

　　至于通敌者，堀田在《时间》中塑造了伯父这个丑陋的汉奸形象，以近乎恶毒的口吻咒骂"通敌者的身上就散发着娼妓私处的酸臭味"。作为敌国的代理人，这些通敌者配合建立慰安所，逼迫中国女性从事性产业，后者为了缓解性病又去吸食鸦片。这些女性付出生命代价的同时，也被纳入鸦片销售的网络系统。这些代理人当然知道鸦片产业的巨额利润，他们配合"殖民主人"，在沦陷区建立起鸦片销售网络，中饱私囊的同时，为日本的军事扩张获得资本来源。事实上，汉奸问题是堀田政治思想中的一个十分重要的问题，战后从来没有哪个日本作家像他那样对此做过深入思考，比如《汉奸》《在上海》等作品，其中他把汉奸的产生归咎于日本的侵略，他对那些与敌合作者抱有强烈的负罪感。

如果说到敌方日本的精神图谱，作者的勾勒同样丰富。日本军人在占领区表现出兽性，日本普通人也缺乏道德感，并且对此完全无罪恶感，堀田将其归咎于战时的天皇制，"日本人越是爱国，越没有罪恶感"，所有的无道德阻力的罪恶"好像都交给东京的那个活着的神来安排了"，"这真称得上是对道德问题的一种全新的处理方法。拥有活在现世的神，这种新观念是现在日本的强项"。不用承担道德责任，那么学者同样不用承担历史责任：哪怕是大学教授出身的上尉，也声称不知道"九一八"事变的真相。他们只是宣传日本"国策"的活传媒，号称军事占领是为了"解放东亚"。

如果把《时间》放在海外"南京大屠杀"的书写系谱上看，我以为其意义在于：它是唯一一部以他者化的视角来描述大屠杀的作品，并且伴随着思辨的展开，叙述者完成了精神救赎——通过不断的抵抗获得了自由意志；它完全不同于西方语境中把日本人视为恶魔、西方人为拯救者、中国人则是等待拯救的沉默的"客体"这样的刻板论述。具体到战后的日本文学，它的独特性首先在于揭露南京大屠杀的唯一性。这部作品虽然是在清算战争责任的时代氛围中完成的，但是众所周知的是，日本对战争责任的清算并不彻底，战后整个社会的天皇信仰仍然根深蒂固，像堀田这样通过揭露惨绝人寰的大屠杀来抗议祖国不义战争的行为显然不合时宜，甚至可以说是"异声"，因而日本评论界才陷入集体失声。

　　如果放在中国的南京大屠杀文学系谱里，我想它的不同之处在于，除了控诉，还有自我救赎和反省。南京大屠杀伤痕的揭示和疗愈竟然由一个外国人，不，确切地说，是当时的敌国之人来完成的！这使得作为中国人的我在阅读中产生了强烈的羞耻感。其中，堀田因使用"鬼子"一词而产生的对大屠杀本质的认识，尤为令人印象深刻。他说：

　　　　刚才我用了"鬼子"这个词。我决意再也不用了！无论有怎样想用的冲动，哪怕是不用就无以解气，也决不再用！在很长一段时期内，这种颠倒式的拟人法必将招致错误的判断，模糊我们的视线。他们并不是"鬼"，而是人！

哪怕是无以解气也决不再用！因为大屠杀是人之所为，它的政治内涵和存在意义，触及了现代性状况的真正性质，而流亡英国的波兰社会学家齐格蒙·鲍曼正是在这个意义上来探讨大屠杀的。鲍曼在《现代性与大屠杀》中将大屠杀归因于理性原则、官僚体制结构和科学的异化。恰恰因为大屠杀内在与理性文明相关，所以我们今天在谈及南京大屠杀时，如果仍然简单地将其归咎于"鬼""兽"，那就是在逃避历史责任。"奥斯维辛之后写诗是野蛮的"——阿多诺的这句话道出了超出想象的灾难发生之后的语言困境。然而，只要发生大屠杀的社会机制还在，就不能放弃书写，而且这种书写必须超越民族国家的界限，与他人共享。因为"没有与他人共享的现实，真理便丧失了全部意义"。（汉娜·阿伦特语）这是我从堀田身上学到的。从不闻政治，试图超然于战争，到与他的祖国做到彼此他界；从人性修复和宗教信仰的观照下审视南京大屠杀，堀田同样经历了漫长而痛苦的转变。

这里附带提一下：事实上早在1989年，《时间》就被安徽文艺出版社译介推出，书名译为《血染金陵》。译者的扉页题赠"为纪念：南京大屠杀而译；谨以此：缅怀无数蒙难的同胞们！"表明，它是被纳入我们向来熟知的"控诉/缅怀"的大屠杀书写系谱中的。然而译者视角的转换轻易地抹掉了"时间"一词背后的历史的、哲学的思考。今天，堀田的"时间"还原成了《时间》（人民文学出版社 2018 年版），译者秦刚强调"用鼎的话语刻写复生与救赎"，让一部在中国逡巡了三十余年的小说恢复了它本来的复杂面目。当然，我们知道，这只是第一步。

2017 年 12 月 23 日

（原题为《〈时间〉　日本作家对南京大屠杀的反思》，载《新京报·书评周刊》2018 年 7 月 28 日）

# II

# 劫　痕

# 沦陷下的北平中秋

月亮东/圆似灯/一层一层往上升

多烧香/多供酒/一家大小庆一宵

月亮斜/中秋节/又吃月饼又供兔儿爷

穿新袜/换新鞋/也跟奶也跟姐/上趟前门逛趟街

一

我第一次读到这首北平中秋的民谣，是在日本人占领北平时创办的《北支》杂志上。日本人一来，就把"北平"改成了"北京"，然而老百姓依然心心念念着"北平"，所以我在这里也就跟着说"北平"了。烧香、供酒、月饼、兔儿爷、新衣裳、逛前门大街，喜迎中秋，延续了几百年的北平日常，在日本占领下并没有崩溃。毋宁说，老百姓在以顽强的日常来抵抗侵略者的统治。最简单的道理：日子总是要继续下去的。在中国人的视线被遮盖的年月里，日本人用他们的照相机记录了"北平岁时记"，其中对中秋的描述异常生动。

中秋时节，府第朱门往往以月饼果品相馈赠。点心店的生意红火了起来，大街上到处是五颜六色的兔儿爷在出售。兔儿爷是泥做的，手持金杵，骑着麒麟、马、虎等，是武神，威风凛凛，颇得孩子的喜爱。孩子们买回家，到了农历八月十三日的晚上就开始作为供物摆在堂屋。学校放三天假，从农历十三日到中秋，学生不上课。大人则开始摆设祭坛，于所出方向设月光位，供桌上要放月光马儿、线香、蜡烛、月饼、水果、酒、毛豆、鸡冠花和纸钱。到了农历八月十五日，午时糊窗户，据说是能把"老爷儿"（太阳光）糊在屋子里，以求接下来的日子不冷；到了晚间，皓月当空，彩云初散，家中女性开始一一向月而拜，之后，大人传杯洗盏，小孩喧哗嬉闹，真可谓良宵佳节。饭毕，经济收入尚好的人家到北海、陶然亭等地赏月；家境一般者就在院内摆一口缸，观赏水中月的倒影。

什么叫"月光马儿"？现在的中秋早已看不到了。它是纸做的神像，上面绘有太阴星君、菩萨像等，下绘月宫及捣药的玉兔，人执杵站立。藻彩生动精致，色泽鲜艳，金碧辉煌，大者七八尺，小者二三尺，顶部有两个小旗，一般是红绿色，或黄色，向月而供。焚香祭月行礼之后，与元宝等一并焚掉。

在祭月时，有所谓"男不拜月，女不祭灶"的谚语。不知它是从何时流传开来的，也不知为什么。有的人对此非常抗拒，质疑为何男女同时领受月亮的清辉，却不允许男儿拜月呢？总之，在日本摄影师镜头里的拜月者都是女性。

兔儿爷，如今还有卖的，国子监街西侧有，十里河的民俗市场上也有。不过一般对老北京民俗没有兴趣的，未必注意得到。《燕京岁时记》中说："每届中秋，市人之巧者用黄土抟成蟾兔之像以出售，谓之兔儿爷。有衣冠而张盖者，有甲胄而带纛旗者，有骑虎者，有默坐者。大者三尺，小者尺余。其余匠艺工人无美不备，盖亦谑而虐矣。"兔儿爷是北京本土的神仙，也是唯一一个能拿在手里玩的神仙。清人魏之秀曾作《兔儿爷诗》："卯君家世本蟾宫，幻列衣冠气象雄。却笑团圆好时节，素娥翻自怨秋风。"还有以兔儿爷为词谜（当时有讨厌者讥之）的《西江月》："本是土包模样，忽然揞画张狂。见人不动把脸扬，杂碎未尝装上。竟等从旁拉纤，结巴满口荒唐。儿童戏弄他假忙，梆子腔儿常唱。"诗和词都为节日平添了生趣。

这种清代的景象到了沦陷下的北平依然可以看得到，日常生活蕴藏的力量往往超乎人的想象。跑到大后方的人就只把兔儿爷当成是沦陷区粉饰太平的象征。"七七"事变的翌年，大后方的老舍快到中秋时作了《兔儿爷》一文。他说："我可以想象到：那些粉脸彩衣，插旗打伞的泥人们一定还是一行行的摆在街头，为暴敌粉饰升平啊！听说敌人这些日子，正在北平大量地焚书，几乎凡不是木板的图书都可以遭到被投入火里的厄运。学校里，人家里，都没有了书，而街头上到处摆出兔儿爷，多么好的一种布置呢！暴敌要的是傀儡呀！"老舍还说，友人告诉他，其时因平津大雨，连韭菜都卖到三吊钱（与重庆的"吊"同值）一束，粗粮也卖到一毛多一斤。谁还买得起兔儿爷呢？大概也就是在市上摆几天，给大家热闹热闹眼睛吧。

如果连饭都吃不饱，人们肯定就不会去买兔儿爷了。老舍的文章写在 1938 年，而《北支》的摄影是在 1939 年之后：兵燹之后，侵略者同样要百姓重振日常生活，既为了暂时粉饰太平，也为了想要长久的统治。

"日趋安定"的北平，中秋供桌上的供物也逐渐讲究起来。虽然供月的月饼到处都是，但一定要前门致美斋的。致美斋者属第一，他处不足食。供月的月饼上面绘有月宫蟾兔之形，祭毕即可食。也有留到除夕而食者，人称"团圆饼"。内庭还要摆设九节藕。藕有多种，而九节藕专指西苑三海（北海、中海、南海）莲花池内九节生在一根上的果藕，取"九九至尊"之意。

说到祭月的水果，最常用者是莲瓣西瓜。也就是说，西瓜必须参差着切，雕成数瓣，瓣瓣绽开，瓣底与瓜蒂相连不断，形似一朵大莲花状。此外，苹果、林檎、沙果、槟子、海棠果、欧李、青柿、鲜枣、葡萄、晚桃、桃奴等，同样上得了供桌。沦陷北平的葡萄，除了当地的品种，还引入了欧洲诸多品种，日本人当然愿意一一展示出来。在秋日的北平，梨的品种也很多，雅尔梨、沙果梨、白梨、水梨等，不过梨不能上供桌，因为"梨"谐音同"离"，有悖"团圆节"的美好祈愿，不吉利。

北平人爱玩蝈蝈，小儿提着蝈蝈笼到处溜达玩耍，大人买下放在瓜棚豆架之下，听蝈蝈叫，以增加小院的生趣，因此从夏天到秋季，大街上卖蝈蝈笼也是一景。蝈蝈笼用秫秸编成，为了增加中秋的节日气氛，蝈蝈笼也来凑热闹。

中秋时节的莲都各尽其用：睡莲入画，文人雅士喜欢；莲蓬，孩子可以拿来玩耍。那时的中国儿童，面对日本人的镜头有些不安，而卧佛寺看门的老大爷，对照相机的镜头充满了好奇。礼拜到了，到观月楼上敲钟的伊斯兰教信徒充满了悲壮感。

## 二

再来看北平沦陷区知识人的中秋。

1937年9月19日是中秋。钱玄同在这一日的日记记载："'△△'特令全市商店挂灯结彩以志庆祝。藉纪念东方文化之佳节也。中山公园改为'北平公园'，东厂胡同改为'东昌胡同'"。除了要指出"中山公园"被改为"北平公园"这一点外，钱玄同以"△△"来指代日本，可以看出来他对日本侵略者暴政的愤然抗议。不久钱玄同请木刻家王青芳为自己摹刻汉画一块，中刻"自强不息"，后又特意叮嘱弟子魏建功为自己刻章"钱夏玄同"，以志民族气节。

周作人向来对时令感兴趣，他认为这是因为自己是旧式的人。但是他对中秋月亮的见识又不同于一般人。1940 年中秋之际，他曾作《中秋的月亮》一文。面对中秋的月亮，他陡然回到了"乡人"身份，谈起民俗中变化多异的月亮与精神疾病的微妙联系，指出月亮的恐怖之处。他还描述："好多年前夜间从东城回家来，路上望见在昏黑的天上挂着一钩深黄的残月，看去很是凄惨，我想我们现代都市人尚且如此感觉，古时原始生活的人当更如何？"颇煞风景的还不止于此，常人的喜乐之宵，在"乡人"周作人眼里并无多少乐趣，只是想到"算账要紧，月饼尚在其次""总之我于赏月无甚趣味，赏雪赏雨也是一样，因为对于自然还是畏过于爱，自己不敢相信已能克服了自然，所以有些文明人的享乐是与我颇少缘分的"。他在《谈岁时风俗的记载》一文中重复道："城里人闹什么中秋端午，插菖蒲，看月亮，乡下人只是一样的要还账。实在没有多大味道。"周作人较少流连光景，更为关注光景背后的情感和文化。同样是在 1940 年的中秋时节，日本女作家佐藤俊子带着庆应大学的两名学生去拜访周作人。他在颇为讲究的纸上为佐藤题写了李白的《菩萨蛮》："平林漠漠烟如织，寒山一带伤心碧，暝色入高楼，有人楼上愁，玉阶空伫立，宿鸟归飞急。何处是归程，长亭更短亭。"惹得佐藤好一阵伤感，她深情地写下《北京秋天的感觉》，想念太庙、紫禁城、金黄的树叶和周作人的秋殇。沦陷期间的周作人，每逢中秋，绝无赏月的文字，却吃朋友赠送的广式月饼、烤鸭、鲍鱼海参之类的，很是奢侈。

北平沦陷区跟周作人交谊深厚的日本人安藤更生编了一本《北京案内记》，其中记载的中秋节除了描述种种活动的内容，还说中秋节是中国传统三大结账日之一，商店疲于应付生意、要账还账，所以在这个时候提醒日本人"谨防小偷"。书里还提到梅兰芳创演的第一出古装戏《嫦娥奔月》，大致内容是后羿所获的长生仙丹被他的妻子嫦娥酒醉后吞服，后羿大怒，要惩罚嫦娥，嫦娥逃入月宫，王母娘娘命令她掌管广寒宫。中秋之夜，嫦娥与众仙在宫中欢宴。在简要介绍完这出戏后，作者还加了一句："这是梅兰芳一举成名的作品，可惜现在不演了。"听那口气，一定是充满惋惜的。

还有一个人，他在沦陷北平的生活也值得一提。因为他首先是同时代日本人中的一个例外：他是个脱离（日本）国者，是个从大正自由主义思潮中看到了昭和超国家主义根源的思想先驱，是个在当时中国各个层面都走向衰落却被这个国家吸引而来到北平选择做隐者的人。他在这里生活了近三十年，直到死亡。他对世界形势保持清醒的认知，对日本侵华持有批判。这个人就是生活在北平的日本市井学者中江丑吉（1889—1942）。美国学者傅佛果的《中江丑吉在中国》一书的"附录"是中江丑吉的战时日记（1939—1942）。1939 年的 9 月 14 日是他五十岁的生日，他说："因为没钱，没叫任何人。"中秋节也没过。倒是中秋后两天，他描述："槐树之叶，透过窗棂，在斜阳下呈金黄色摇曳。""金黄"似乎成了最让人缅怀的北平秋天的底色，它绚烂，与帝京的气势很是匹配，特别让人着迷，佐藤俊子也留恋。不过中江马上转入对世界形势的关注："一九三九年九月二十九日下午四点。德国尚未侵犯巴尔干，Ribbentrop（时任德国外交部部长的里宾特洛甫——引者注）与土耳其外交部部长同在赤都。"1940 年的中秋是 9 月 16 日，他同样没有过，却在日记里详细记载了中秋节前几天的事情和感受。"七日夜开始的纳粹对伦敦的攻击，日渐猛烈。十二日以来极尽空前之凄惨。如果英国国民能够经受住此考验，则如所谓登陆作战一样，像一百三十余年前拿破仑的野心一样，自动会以云消雾散告终。据说这场前所未有的空袭指挥官是希特勒的得力助手，恶棍戈林……在此月光普照之下，丘吉尔也好，希特勒也好，处于完全混乱中的世界最大都市的地狱景象也好，这不过是即将到来的历史的一个序曲。"到了 1941 年的中秋时节，中江丑吉仍然不过节，他关注的仍是世界战势。"尽管德军方面的报道夸口说，苏军的主力已被围，其顽强的抵抗不过是困兽之斗，但真相完全不明。唯一可以肯定的是，希特勒对此次攻击已赌其全力。外界依然无法得知日美交涉的真相。但日美间风云日益险恶，也是无疑的事实。"

# 三

日本人镜头下的北平中秋满是欢乐祥和，镜头不会撒谎，但镜头同样是美丽而危险的修辞，它背后的人会撒谎。隐藏在历史表象背后或者历史错觉当中的沦陷北平，注定要上演诸多的悲剧，不过也说明北平古老的生活方式并没有因为战争而迅速崩溃。

在日本人的镜头背后，知识人对中秋有着不同的感受：有的人感受到侵略者统治的肃杀之气；有的人在品味着美味的同时，笔下在伤秋；有的人跳脱国界、放眼世界，在对人类命运的观察中坚守住了抵抗者的姿态。

又到中秋，节景虽然如旧，然而似乎除了吃月饼，有闲情去看一眼月亮，大抵没了其他内容。节味儿淡到只剩下月饼味儿，不免令人无限伤怀。去故纸堆挖一挖，不求花枝月满、天心月圆，但求人生体验之丰富与饱满。

2018 年 9 月 18 日

（原题为《北平往事　日本占领下的北平中秋》，载《澎湃新闻》2018 年 9 月 24 日）

# "No more，Hiroshima！"

一

　　"No more，Hiroshima！"这是 1982 年"呼吁废除核武器、缩减军备"的东京反核行动中最响亮的口号，日文的语境不做翻译，直接用片假名"ノーモア・ヒロシマ"表示，直译成中文则是"不再要广岛！"。从作为"二战"期间日本重要的军工基地，到成为遭到原子弹轰炸的战场；从轰炸后默默忍受日复一日的深重痛苦，到美国解除对日本的占领和审查，从而使得这块土地终于发出痛彻肺腑的呐喊——广岛已经不再是一个纯粹的地理概念，它负载着太过沉重、复杂的历史和政治内涵：以"加害者"和"受害者"的双重身份控诉核轰炸造成的惨绝人寰，并且在此基础上希求废除核武器、追求和平；呼吁人类的尊严高于一切，格外珍惜发自善良人类灵魂深处的文化遗产。故此，"No more，Hiroshima！"的含义是"不允许广岛悲剧再演！"或者"不再要原子弹！"。

　　沿着这一内涵，"广岛"还衍生出一些相关概念，如"广岛的心""欧洲广岛"，等等。"欧洲广岛"这个词的日语表达是"オイロシマ"，它源自英文"Europe"和"Hiroshima"两词的合成"Euroshima"，意指欧洲废除核武器、诉求和平之地，诞生于20世纪70年代末席卷欧洲的"反核"运动浪潮。1981年以西德反核作家汉斯·派塔·布鲁尔斯访日为契机，在有过核轰炸惨痛经历的日本也掀起"反核、反战、诉求和平"的浪潮。1982年1月，以中野孝次、大江健三郎等为核心，三十多位作家联合签名发表《控诉核战争危机的文学家声明》，接下来有超过五百位文学家签名；后来发展成为两千万市民的签名活动；到了次年5月，有大约三十五万市民参加了反核运动的集会。

　　针对这场战后日本文坛自发形成的大规模社会运动，以及运动中将反核武器/战争与反核能开发、反日美安保条约联系在一起的特征，被誉为"战后思想界的巨人"和"独立思想家"的吉本隆明，发出尖锐的批判。他的理念在自己的《"反核"异论》（1982）一书中得以充分阐释，我将其归纳为以下几点。（一）吉本认为包括文学家在内的欧洲反核运动受到了苏联的利用，是苏联依靠非核军事力量来镇压波兰的遮羞布，只反对美国的核而不反对苏联的核，缺乏批判的正当性。据此，吉本声称自己要做的就是对充满欺瞒、党派性极强的反核运动进行反"反核"。但他忽视了欧洲反核运动中试图脱离美苏两大超级大国的支配、寻求独立的愿望。（二）吉本指出：由战争引起的死亡，不论是无意义的，还是因强制导致的，任何方式的死亡具有同等意义；对于和平运动而言，仅仅通过具有特别意义的死来考量战争本质的做法是错误的。他想要阐明的是，对战争引起的死亡，不应该特别强调死于核轰炸，这样做会遮蔽战争的本质，有掩盖现代战争中不依靠核武器的战争和侵略实态的危险。（三）吉本嘲笑那些将"反核"与"反核能开发"相提并论的人，他认为，说到"反核"的"核"是指"核武器"或者"核战争"，作为核武器或者核战争的"核"，就是在卡尔·冯·克劳塞维茨经典的《战争论》中也只是被视作非常手段的"政治"问题；而"反对核能开发"所说的"核"，其本质是核能的开发利用，即便牵涉"政治"，也始终是围绕处理手段而开展的政治斗争，并不是针对核能本身的斗争。核能是与石油、石炭同一维度的物质能源，是科学将其解放出来，这是核能的本质。政治斗争则无法涵盖科学对物质的解放的意义。左翼在谈到"反核能开发"时，是将"科学"与"政治"混为一谈、不懂科技的反动的伦理。吉本隆明还特别对黑古一夫进行批判，说黑谷一夫认为连核能研究都不允许，这简直是中世纪的黑暗主义，实在愚痴狂妄。针对反核声明反复提及的"一旦发动核战争就将歼灭全球"的言论，吉本更是大加批判，认为核战争根本不可能发生，声称这种科幻小说般的妄想只是煽动了人们的不安情绪，完全没有任何实质意义。

吉本隆明发表"反核异论"之后，招致文坛上的一片骂声，这让他陷入孤立无援的状态。在一篇名为《停滞论》的文章开头，吉本这样描述自己当时的心情："不知为什么，我感到异常恐惧。我所恐惧的，就是社会法西斯主义。我必须清楚，由于我批判反核声明而遭到文坛的驱逐……这就是社会法西斯行径，很显然，（现在的文坛）与战争中的文学报国会是互为表里的。……我渐渐意识到，我要与日本'旧左翼'和整个文坛为敌了。"

## 二

无论吉本隆明多么沮丧，现实告诉我们，那场"反核"运动并没有取得实质效果：日美安保体制不仅继续存在，而且它所规范的日美关系仍然是日本最重要的外交基石，日本在呼吁废除核武器的同时，依然躲在美国的"核保护伞"下安然度日；吉本隆明对于"核战争"与"核能开发"泾渭分明的观点与日本政客和那些追求经济利润的实业家的理论合流。20 世纪 90 年代以后，加藤典洋等人对左翼知识分子的批判逻辑也与吉本隆明的理论一脉相承。最明显的例子，就是海湾战争期间，加藤典洋对国内发表反战声明的文学家提出批评，指责反战声明所依据的"和平宪法"是当时盟军占领当局强加给日本的，表面上是在批判护宪派和改宪派而倡议修改日本宪法，实则意在批判护宪的左翼知识分子。

问题是："核武器"与用于和平的"核能"之间，果真如吉本隆明所说的那样泾渭分明吗？

稍微了解一下相关知识，我们就可以知道，在像铀235和钚239这些容易引起核分裂反应的物质中，中性子由于发生核分裂的连锁反应从而释放出巨大的核能。核武器与核能的不同之处在于：前者会迅速发生核分裂的连锁反应，能源在瞬间释放；后者可以通过控制棒和冷却水来抑制核分裂的反应，从而将释放出的能源控制在发电用途上。不论是用于核武器还是核能开发，高纯度的铀235和钚239都是必需的。钚是通过铀浓缩和原子炉对使用过的燃料进行再处理来提取的，在已知的宇宙物质中，其毒性仅次于钋，一旦流入海底或土壤中，钚239会留存二万四千年，而钚242会存留三十六万七千年。这将给环境带来难以估量的灾难性影响。也就是说，制造核武器与开发核能的原料、技术手段相同，工作原理相同，只要掌握了原子炉操作的本领就掌握了制造核武器的技术。

日本正式启动核能开发预算是在1954年3月。其时美国开始转变对日政策，日本政府声称要和平利用核能；1973年，日本政府确立"跨越式发展核能"以保障能源安全的新举措；政府计划从2005年开始六年间建成二十座核电站。到2011年，日本拥有五十五座核反应堆，占全球总量的百分之十。然而与此同时，因操作失误或技术不过关而引起的核泄漏事故时有发生。早在 1978 年，福岛第一核电站的三号机组就发生过临界事故；日本处理核废料的青森县下北半岛附近居民的白血病发病率达到日本全国水平的十倍；1999 年 9 月，东京东北部东海村发生的核事故造成两人死亡、近百人受伤。尽管日本的法律规定要及时报告核事故，但报告常常不够及时，也不够详细，甚至出现漏报、瞒报、编造虚假数据的现象。只要认真思考一下推进和拥护核能开发的隐蔽体制，就不能不让人担忧。

对此，那些积极争取实现受核轰炸者援护政策的人视而不见；而日本政府不顾核开发存在的技术缺陷，一边在推进核能和平利用的同时，一边又探讨日本核武器的可能性。1967 年 12 月佐藤荣作首相提出的"不制造、不拥有、不运进核武器"的"非核三原则"，却随着配合美国在西欧部署核导弹计划、正式同意美国在必要时派遣核潜艇进驻日本港口而实际上被突破。1968 年，美国、英国和印度签署《不扩散核武器条约》（NPT），日本虽然在 20 世纪 70 年代也签了名，但是国会直到 1977 年才承认。其间美国就核燃料再处理问题向日本施加压力，日本政府则在核能的民间利用方面保持顽强的战斗力，从而引发了"日美再处理战争"的外交摩擦。1999 年《周边事态法》的出台，使日本名正言顺地成为装载核武器的美军舰船的后方基地。可见，"核保护伞"论与潜在的"核武装"论属于同一理论系统，日本政府对于处在"核保护伞"下的状态不断表示"很无奈"，而在其正式意见中也不否认"核武装"。就在"三一一"日本大地震之前两天的 3 月 9 日，《朝日新闻》还报道：石原慎太郎声称，为了对抗中国的威胁，日本应该拥有核武器。4月 11 日，一直积极推进核能开发与日本核武装的石原慎太郎第四次当选东京都知事，这与 20 世纪 60 年代以来日本保守派推进核能政策的努力不无关系。

　　然而谁能想到，曾经在 20 世纪 80 年代初与大江健三郎等人并肩赴欧洲考察并且参与欧洲反核运动的，也是这位石原慎太郎呢？谁能说，为了和平利用而控制核按钮的手就一定不会去按下用于核轰炸的按钮？

三

　　吉本隆明深谙日本政治的奥秘。1995 年，在一篇题为《围绕法国与中国的核试验》的文章中，他在仔细观察日本各界围绕法国和中国进行核试验之后表现出的不同态度之后指出，日本之所以严厉斥责法国进行核试验，而对同样进行核试验的中国的批评则显得暧昧游移，其历史原因在于：日本曾经侵略过中国，而中国也明确表示不首先使用核武器；现实的原因是：他认为虽然日本是世界上唯一在其宪法中明确标示非战、非武装的国家，但日本又明确表示要让自卫队合宪，派遣军队到卢旺达、柬埔寨等国，干涉他国内政；侵略战争的谢罪决议花哨而暧昧，对国内外遭受核轰炸受害者的赔偿敷衍了事，不对外国"慰安妇"进行谢罪赔偿，对殖民地民众的被害诉求也置之不理——日本的态度实际上是要使日本宪法第九条趋于无效，在一步一步向反动的、退化的道路迈进。

其实在反战、追求和平方面，吉本隆明与他曾经批判的对手之间并无本质区别。不同之处在于：他是通过严密的逻辑推理来完成自己的论述的。而对于能够招致世界最终战争、让人类灭绝的核武器的这种灾难性后果，我想不仅仅需要逻辑推理，还需要面对"核时代"的现实政治，发挥核时代的想象力。

随着 1945 年 8 月 6 日广岛遭受核轰炸，核时代拉开了它的序幕：整个城市仿佛纳粹的毒气室，变成得不到救赎、没有出口的地狱。企图蓄积更为庞大的核武器、开发和配备新式核武器、抑制核战争成为核大国、核保有国与非保有国不同的战略构想——人类在毁灭性的威胁中日复一日地存续。但是，要想将核轰炸这种恶魔般的巨大的"恶"，化为普通民众的日常感觉日益困难：尽管它还没有发生，也许在个体的有生之年永远都不会发生，但有多少人愿意怀着恶魔般的恐惧日夜不眠？连广岛人、长崎人对核轰炸的恐惧也日渐风化销蚀，甚至其中有不少人一直在努力试图忘却。还记得 1949 年负责起草《和平纪念都市建设法》的寺光忠在解释这部法律的精神时是这么说的："要远离原子弹和 8 月 6 日"。

于是，发挥核时代的想象力，并且使其化为自己的日常性感受这一艰巨任务，就落到了思想家和作家的身上。直接以广岛为题材并且终其写作生涯执着于"核时代的想象力"的，为数甚少。大江健三郎就是这少数中的一个。

让我们回到大江反核的原点。1963 年大江健三郎有智力缺陷的长子的诞生让他几近崩溃，他在写作中也找不到积极意义，陷入了作为一个人和一个作家的危机之中。于是，他将儿子留在东京，自己前往广岛。在那里，他与不同类型的核轰炸受害者见面、交谈，聆听他们痛苦的体验，陆续记录下他们与白血病、癌症等原子病魔抗争的故事。除了关注身体的损伤之外，他还揭示了受害者的婚姻、精神异常等社会问题，使广岛悲惨而痛苦的灵魂广为人知。而在与可怕的病魔坚决斗争的过程中，广岛原爆病医院院长重藤文夫等人努力克服轰炸的经历所带来的病痛，确立了各自独特的人之本性，大江健三郎称他们是有威严的、真正的广岛人，他们在努力向地狱填充人性要素。这些笔记在后来结集为《广岛札记》，由岩波书店出版。大江健三郎对广岛问题的阐述异常丰富，在有限的篇幅内，笔者姑且将其主旨作如下归纳：一方面，广岛核轰炸是具有否定意义的事件，它完全否定了人类存在的基本尊严，认为使用核武器是为了带来

"真正的和平"的想法是错误的，应该追究投下原子弹的美国的责任和发动法西斯战争的日本的责任；另一方面，不逃避广岛，正面去接受不幸并且与之战斗，为了所有其他人而行动，才能为自己承受的屈辱附上价值，才能在全面废除核武器的运动中发出最具根源意义的呐喊。总之，广岛就是人类触目惊心的一块伤疤，人类康复的希望和腐朽的危险都将在这里萌芽。

如果说《广岛札记》的立足点在于彰显"人性的尊严"，那么进入 1968 年之后的大江则着眼于现实政治批判。从日本国家核政策实施的角度来讲，1968 年是不平凡的一年。这一年，佐藤首相在众议院会议上发表了四项基本核政策：既要坚持"非核三原则"，又要依靠安保条约实现对美国核抑制力的依存；既强烈呼吁废除核武器，又将核能的和平利用作为最重要的"国策"推进。大江看穿了佐藤政权的虚伪，在这一年年底，他以"核时代的想象力"为题，连续进行了十一场演讲。他阐述了核时代的两个悖论。

悖论一：一方面是向敌国大力宣扬核武器的威力，声称瞬间可以歼灭几千万人，能够有效地恐吓与震慑敌国的国民。另一方面，对于自己国家的民众，特别是对于被关在核武器基地的冲绳日本人又必须宣传说："不，核武器没那么可怕，我们能够安然无恙地生存下去！"极力淡化核武器的危险性，以防民众暴乱。所以大江要求民众必须深刻洞察核武器的悲惨性而不是它的威力，并对其保持丰富的想象力。

悖论二：核能的开发固然产生了新的能源，但同时意味着大量屠戮生命的技术的产生，这就是核开发与核武装之间的矛盾。大江肯定了在人类生命的新要素中增加核能的意义，不过他指出，要推进核开发，就必须彻底废弃核武器杀戮的一面。但日本令人担忧的现实是，那些以政府之力推进核能开发的人，恰恰是热切盼望冲绳能够带核回归的人！佐世保的美军核潜艇产生异常放射能，结果美国认为它与潜水艇无关，而日本政府则坚决否认本国拥有核潜艇。所以要坚决反对核武装，遭受核轰炸的日本民众必须以日本人的名义，能够切实地用自己的手去检验日本绝对没有进行核武装，要与那些对核轰炸的悲惨后果没有知觉的人、片面强调核武器威力与核能威力的人开展坚决的斗争，然后才能找到核能开发的正确途径。

在20世纪80年代初的欧洲和日本反核浪潮中，大江健三郎随少数日本作家到欧洲访问，他在《从广岛到"欧洲广岛"》（1982）一书里记录了欧洲知识分子的反核反战运动，他认为从中可以借鉴经验，设想了日本未来的核政治。《核之大火与"人"的声音》（1982）是他驱遣文学家的想象力、为对抗核危机而构思规划世界的成果。进入20世纪90年代，他又写下随笔《广岛的"生命之木"》、长篇论文《"广岛的心"与想象力》。此外，他还参与编辑"原爆文学"，并且把反核思想融入虚构的小说世界，同时串联起神话、洪水、暴力，以及救赎、牺牲等象征性意象，例如《洪水淹没我的灵魂》《核时代的森林隐遁者》等。2004 年，他与同道者加藤周一、井上厦等人结成维护日本和平宪法的"九条会"，书斋内外都在开展历史批判和现实政治斗争。

在大江看来，对核战争的悲惨后果要在每一天都持续地发挥最为丰富的想象力，这是抵御核战争的第一要务，否则不足以产生强大的抵抗力量。"核时代的想象力"的提出，与大江个人精神成长和他的生存时代有关。大江有智力缺陷的长子的诞生和他的广岛之行使自己找到了超越危机的"自由的想象力"；与此同时，日本和美国在处理广岛、长崎问题上展示出的自私自利逻辑包含了强权、暴力和反民主的实质，而战后的日本国民又被不停地歪曲历史记忆，缺乏反省的自觉。在如此复杂的时代背景下，大江健三郎以为：对民族主义、民主化、民权、文化多元性的思考必须置于一种广泛的关系网络和历史脉络中才能被充分呈现，对任何一方面的思考都将连带着对另一方面的思考。没有这种广泛的视野，就无法呈现问题的复杂性和相关性，就有可能堕入一种自我中心主义而毫不自知。

## 四

对于中国进行核试验，大江健三郎同样展现出开阔的视野和宽容的襟抱。

大江健三郎对 1949 年 10 月成立的中华人民共和国寄予美好期待，认为它展示了人类政治思想的崭新形象。但是 1964 年 10 月中国进行核试验之后，大江曾一度认为中国原有形象已遽然改变，成了与核为伍的"另外一种"国家，让他颇为失望和纠结。他质疑道：一个国家拥有了新式核装备之后，反而说有可能实现核武器的全面废除——在这样一个政治年代，无异于一个童话。为了平复内心的矛盾，在 1967 年萨特访日之际，他向萨特这位一直给予他思想养分的文学前辈、也是战后世界上第一个提起反核理论并介入现实斗争的思想家寻求确证。萨特给了他一个斩钉截铁的回答：正因为中国长年生活在美国的核威胁之下，为了对抗美国的核武器，中国必须拥有核武器——这就是事实。既然法国人萨特反对法国及所有国家的核武装，却不全面否定中国的核试验，那作为日本人的自己，又有什么资格和理由反对呢？于是他接受了核试验成功是中国坚持自力更生路线所取得的最辉煌成果的观念。

问题在于：即便像大江健三郎那样驱遣丰富的想象力的人也没有料到，在令人担忧的核战争来临之前，日本发生了千年不遇的大地震和海啸，并且由此引发了"和平利用"的核的泄漏！日本核恐慌的事实证明了核安全神话的破灭：日本人根本不具备处理核危机的能力，根本没有掌握对核废料的最终处理技术。接下来的可怕后果是，人类居住的美好家园就有可能成为核废料幽灵栖息的深谷！

"在使用核能这种具有毁灭性的力量时，如果我们没有足够的智慧、理性和爱心，如果我们被仇恨和贪欲挟制，我们终将遭到报复。"广岛之后，任何漂亮的空话都失去簇拥，除非世界对核的态度能够经历脱胎换骨的改变。单纯歌颂核的美好与正义的一面已经没有意义，因为被歌颂的人或者物有可能犯下谋杀人类的罪行，而这些罪行往往正是在追求纯粹与至善的名义下实施的。因此，大江在广岛之后的写作没有允诺美好和幸福，只是以文学受难者的姿态展现清晰的痛苦、反省和批判。

就在大江健三郎的《广岛札记》畅销日本的 1965 年，吉本隆明批判以广岛遭受核轰炸为素材的大江有"异常趣味"，并且以文学的名义批判文学家大江在广岛问题上的政治性发言。大江健三郎的主张是："我不同意在政治面前文学无力的看法；我不怀疑透过文学可以参与政治的看法。"这位文学家出色地解开了日本文学与政治的缠绕。

"三一一"东日本大震灾之后，地震、海啸、核泄漏将让人们的思考发生怎样的改变？日本将往何处去？日本将会发生怎样的改变？这一系列问题必将使日本的文学界、思想界、宗教信仰和哲学领域面临严峻挑战。有报道称："东日本大震灾唤起了日本宗教的觉醒。"日本不属于基督教文化圈，"神的沉默""神的责任与人的自由意志"等问题恐怕不会成为讨论的主题。然而，如果福岛核灾遭到漠视，谁能保证核灾不会再一次发生？

　　　　　　　　　　　写于 2011 年"三一一"之后

　　（原题为《不再要广岛！》，载《天涯》2011 年第 5 期。后被选入杜渐坤、陈寿英选编《2011 年中国年度随笔》，漓江出版社 2012 年版）

# 携手剥洋葱的 "军国少年"

## ——君特·格拉斯与大江健三郎

　　大江健三郎生于 1935 年。战争曾让这个森林里的孩子成长为一个军国主义少年，当时他和那片土地上的人们都相信，为天皇而死无比正确。后来他透露，年少的他一直生活在既渴盼上战场、成为天皇的士兵英勇地死去，又恐惧却盼望来不及参加战争。就在矛盾的撕裂中，被视为神的天皇突然像人一样通过广播承认战败。这让这位 "军国少年" 松了口气的同时，又茫然无措。

　　早于大江八年出生的德国作家君特·格拉斯，十二岁那年在战火中结束了自己的童年。当时身为希特勒青年团少年组的一员，他也和同伴们一起唱《旗帜重于死亡》的歌曲。他说，他们那一代人对死亡都很着迷，都决心将宝贵的生命献给 "希特勒总统、民族和祖国"。十七岁那年，带着唯恐违背誓约的不安，他入伍党卫军。六个月间，他一枪未发，反而被吓得尿裤子；在战场受伤后，他在战地医院被美军俘虏。格拉斯到了耄耋之年，叙述自己从十二岁到三十二岁的生活经历，一层一层地剥去记忆的外壳，他反复地向年轻的自己发出诘问，尤其是对参军的态度和对纳粹政权的认知。整个过程艰难、痛苦，他常常被泪水浸泡，如同剥洋葱时流下眼泪一般。所以，他将回忆录命名为《剥洋葱》。他还坦陈，自己能够逃脱犯下战争罪责的命运，"并不是因为自己有多高尚：如果我早生三四年，肯定也免不了犯下那种重罪"。战争结束那天，一直靠着政治宣传支撑自己的信仰系统崩溃，他感到灵魂空洞的自己茫然无所依。

　　日本和德国犯下的罪行，让这两位"军国少年"的心灵长期蒙受阴影，年岁越长，感受越强烈。面对难以愈合的战争创伤，他们通过写作来完成救赎。他们都书写了一个时代的人的恐惧和欲望，他们所讲的故事都残酷、严肃和富于政治性，都强调逆时代潮流而写作，都强调灰色地带的多元价值，都将怀疑和问难贯彻一生，都因为说"自家人"的坏话，而被称为"用粪弄脏了自己巢的鸟"。

　　大江最早在君特·格拉斯的小说《铁皮鼓》里找到了自己的影子。《铁皮鼓》讲述的是三岁的奥斯卡无意中发现母亲和表舅偷情，又目睹了纳粹势力的猖獗，便决定不再长个儿，宁愿成为侏儒。从此，在奥斯卡的视角里，社会和周围的人都是怪异和疯狂的。他整天敲打一只铁皮鼓，以发泄对畸形的社会和人世间的愤慨。大江认为，自己和书中的奥斯卡情形相似。他觉得，无法从这个少年角色中抽离，而且心灵和肉体也承受着严重创伤——那个创伤不会愈合——甚至自觉地和施害者一样有连带责任。大江在文学创作初期，眼见广岛原爆受害者的悲惨生活，而且他那有智力缺陷的儿子大江光也来到人世。大江光幼时只能听懂鸟叫，后来只能通过音乐与人沟通。大江认为，由于和这样的儿子共生，他内心的奥斯卡活得更久长。

大江和君特·格拉斯相识，是在《铁皮鼓》要被译介到日本的 1970 年。日本的国际交流基金会邀请格拉斯到访，而格拉斯那时已经读了大江小说的德文译本，他提出想要见大江。那次见面，他们成了朋友，此后一直情谊笃厚。再后来，大江和格拉斯相继获得了诺贝尔文学奖，在诺贝尔文学奖百年庆典上，他们还一同发表了演讲。大江认为，1970 年前后是他一生中最好的时期，其中一个重要原因，就是他经历了沸腾一般的邂逅相识的最好时期。作为那个时期的产物，他写出了《同时代的游戏》。大江在回忆中声称，如果那时他能抓住焦点，一部接一部地创作出紧凑的作品，或许日后他将成为更坚实的作家。"不过，我所喜欢的那些作家，格拉斯也好略萨也罢，全都在从事着创作犹如盛宴般大作的工作，于是我也就不甘寂寞了，这该说是血气方刚吧。"我想，大江这里所指的，是格拉斯那些包含严肃的政治性主题的恢宏创作。

1986 年，德国哲学家哈贝马斯掀起"历史学者的论战"。当时，部分历史学者想要减轻屠杀犹太人责任的风潮，将战争当成是"恐怖的美学"，论战就是针对这一思潮的。一直持续到"二战"结束的第五十个年头——

1995 年，连报纸的专栏也庆祝了这种流行现象。在同样具有敏感意味的这个年份，日本政界渐趋保守，"新民族主义"抬头，一股右翼势力美化、淡化或是否定侵略战争的潮流兴起。君特·格拉斯和大江针对这种状况多次通信，表达了对现实的担忧和批判。他们在信中还多次交换对战争与历史的认知。比如，君特·格拉斯支持"二战"中的逃兵，这一立场得到了大江的赞同；格拉斯在信中引用古德语的"叛离旗帜"，坚定要替拒绝与不服从的市民百姓辩护，主张彻底的民主主义，他认为唯有如此，才能去除他所质疑的国家伦理的根基。大江则回应道，日本在过去大战中对亚洲人民所犯的罪行，无法规避责任或辩解。唯有重新反省、谢罪、补偿，把自己逼得走投无路，才能寻求邻国和解与再生之路。

　　他们在创作与社会活动上也遥相呼应。君特·格拉斯的评论文章，反复讨论的主题有反核议题、第三世界国家的贫穷问题和全球性的环保问题。作为一名民主主义文学家，大江的关注点始终在处于各种权力结构中被压抑的边缘人。比如，他执着一生的广岛写作与冲绳写作。大江不断逼迫自己与广岛和冲绳历史废墟上的幽灵对话，重新探讨日本这个国家的中心文化、学习处于日本文化圈边缘的琉球文化。广岛和冲绳不仅是大江进行自我文学训练的重要支撑，同时是他践行公共知识分子职责的重要场域。而其中贯穿广岛的写作，就是他反核的战场。2002 年，格拉斯发表小说《蟹行》，讲述的是

"二战"末期德国难民的悲剧事件，是对长久以来的禁忌话题的挑战。大江健三郎刊行于 1970 年的《冲绳札记》在 2005 年被日本右翼告上法庭，后者称该书记述的冲绳战中日军强令冲绳民众"集体自杀"的事件是"虚构的事实"，以"名誉受到损毁"为由，要求停止发售该书并给予精神损害补偿。他们都被本国人视为"叛徒"。

2006 年 8 月，君特·格拉斯在其《剥洋葱》中自曝"污点"，透露自己进入党卫军装甲师服役的事实，将自己暴露在批判之中。面对其道德纯洁性的指责，格拉斯坚持面对历史发出自己的声音。大江健三郎则引用保罗·策兰的诗歌，赞赏格拉斯的勇气，称赞他"停止编织谎言，是设法接近真实的证人"。

大江健三郎在某天翻箱倒柜地搜集资料的过程中，找到了早年从君特·格拉斯的《铁皮鼓》中抄录下来的卡片。这成为他晚年为儿童创作作品的契机。我们是否可以说，大江健三郎在其文学的起点和终点，都与君特·格拉斯相逢了呢？如今，"战友"已去，已进颓龄的大江恐怕备感孤独吧。

为纪念君特·格拉斯逝世而作

（原题为《君特·格拉斯与大江健三郎》，载《光明日报》2015 年 4 月 18 日）

# 村上春树："反核宣言"背后的沉默与虚无

请安心入眠，因为错误不会重犯。

——广岛核爆死殁者纪念碑

后世之人谁能理解？在我们知道了光明之后，却不得不再次陷入黑暗！

——大江健三郎《广岛之光》扉页

[引自塞巴斯蒂恩·卡斯特利恩（Sebastien Castellion）：《应该怀疑什么，相信什么》]

暴力是理解日本的关键。

——村上春树

一

2011 年 6 月 9 日，作品被翻译成多种语言、极负世界声望的日本作家村上春树荣膺西班牙的加泰罗尼亚国际奖。在颁奖仪式上，村上春树表情忧郁，声音低沉，时而挥舞双臂，通过电视、网络等媒介瞬间向全球人传达了他的"反核宣言"。此后，各大网络采用"村上春树：日本应继续反核"的标题，用新闻报道的形式延续并深化村上的反核诉求，被认为比一生致力于反核的作家大江健三郎，学者柄谷行人、小森阳一、高桥哲哉，电玩专家饭野贤治，导演岩井俊二和原本就以反核闻名的作曲家坂本龙一等发出的声音更有力、更震撼。在打破他对核能、核灾保持沉默的同时，再一次让全球见证了所谓的"村上春树现象"。

村上指出：如同在地震的巢穴上生活着的日本人，其民族心性被深深烙上"无常"的特质，人们在瞬间的灿烂与美的凋零中追求安心与永恒，从而造就了日本人以集团性的忍耐与顽强姿态面对灾害。村上相信日本人已经走向重建，但是他认为被灾难所破坏的伦理和规范却难以修复。

村上认为造成这次灾害的原因在于"效率"优先的思维模式，日本的政府和电力公司将核电站这一"高效的发电系统"作为国家战略推行，使地震频发的日本成为世界第三大核电国，也使日本再次成为加害者。他在指责将质疑核电站的人们作为"非现实梦想家"而将其边缘化的做法的同时，呼吁有过核爆惨痛经历的日本人回到战争废墟这个原点，去做"非现实的梦想家"，对核继续说"不"，集思广益，从国家层面推进取代核电的能源开发工作。

　　村上承诺将这次奖金全部捐献给地震、海啸与核灾的受害者，以文字反核，协助日本重建被核所破坏的伦理规范。

　　当谜一样的村上春树以优雅的姿态出现在西班牙时，巴塞罗那女郎热烈索吻，导致村上的签名活动延长了一个半小时也没能结束。这使他沉浸在对巴塞罗那的美好感受中。接下来，村上以他一贯的简约、充满韵律和幽默的语言表达了自己对核灾的态度，让我们在玄妙、恍惚中进入了村上春树为我们搭建的关于"救赎"的"心灵迷宫"，从而完成了对村上春树是一位有责任感的作家的想象。

## 二

　　然而一旦跳出恍惚，我们发现，这一场赢得举世欢呼的、令人赏心悦目的讲演其实充满了陈词滥调和暧昧，以及对历史和战争责任若即若离的游离态度。换言之，一份出自知名作家的文学文本，既非揭露同时代状况的证言，也不具有预言性，是一场既缺乏自我和历史批判，也没有现实观照，而且欠缺未来视野的梦幻宣言。

　　从地震、海啸之后引发了核灾的 3 月 11 日，到村上飞往西班牙领奖的 6 月 9 日，历时近三个月。其间，日本各大城市爆发了几十起反核示威游行：渔夫村妇、不分国籍的学生都参与其中；文艺界人士或走入示威队伍，或发表讲演、举行座谈，从多重角度阐述反核思想。在核安全神话破灭之后，"反核"成了日本社会的主流思想，已非少数预言家的警示。作为一名在国内拥有上百万读者的日本作家，面对日本严重的核灾以及日本政府对待核问题的暧昧态度，震灾时远避美国小岛的村上春树对日本读者一直三缄其口。三个月之后，远赴西班牙领奖之际，他突然发出"反核宣言"，竟然惊骇了世俗！抛开他一贯迷人的行为方式、语言魅力和文体特征，就反核而言，对既定事实进行评价和解释，这种工作并不难，也就是说，他的反核意识和见解并不高于日本大多数普通民众，甚至相反——落后于时代。很显然，吸引世人瞩目的是他具有表演性质的反核姿态而不是其反核思想。

讲演的落后时代性还表现在：他指出，在所谓"核"这样压倒性的力量面前，我们是被害者，同时也是加害者。20世纪70年代以降，那些致力于创作"核爆文学"的作家，不论是否经历过核轰炸，"是被害者的同时又是加害者"的思想早已在他们中间成为共识，而歪曲和忽视这一思想的，是政治家、媒体的普通民众。作为一名战后文学"后辈"，在言及"核爆"时，他既不提早期的文学家原民喜、峠三吉、井伏鳟二等人，也不涉及20世纪70年代之后的栗原贞子、林京子、小田实、井上厦、大江健三郎、高木仁三郎等作家在"核爆文学"上的贡献，而是以"横空出世"的反核英雄姿态出现。如果不将其视为对反核先贤缺乏尊敬，那么至少可以认为，他对核能、核爆问题缺乏历史性的把握与思考———能够拿来作为佐证的，是他历来的作品。其创作几乎不涉及这一题材，甚至连地震、海啸这种常见题材在村上笔下也难觅踪影。"三一一"之后，我国著名的村上作品翻译者林少华先生写了一篇题为《村上春树笔下的地震》(《东方早报》2011 年 3 月 18 日）的文章，苦心孤诣地印证村上对震灾的关心，寻找的结果是，"尽管这篇故事（指《神的孩子全跳舞》——引者注）如此怪诞，尽管其他几篇和地震没多少关联，尽管村上表现出近乎局外人的冷静，但细读之下，还是可以看出隐约流经其中的主题：只有爱才能使遭受重创的心获得再生，才能使人走出地震心理阴影。"可见村上春树对于重大灾害始终保持的疏离态度。

不关心地震、海啸这种重大自然灾害，也不关心核灾，自然就不关心相关的文学史著乃至造成核灾的历史和政治因素。"二战"末期，广岛、长崎先后遭到核轰炸之后，世界进入核时代。企图蓄积更为庞大的核武器、开发和配备新式核武器、抑制核战争，分别成为核大国、核保有国与非保有国各自的战略构想，各国为了自卫而试图拥有核武器，使得暴力不断蔓延，人类在毁灭性的威胁中日复一日地存续。那么，制造核爆危机的核大国的"伦理""规范"是什么？日本政府不顾核开发存在的技术缺陷，一边推进核能和平利用，一边探讨日本核武装的可能性，它的"伦理""规范"又是什么？曾经说过"暴力是理解日本的关键"的村上春树仅仅将核灾归咎于对"效率"和"便利"的追求，不去触及日美安保框架内日本政府躲在美国"核保护伞"下的苟且与核武装的企图，无视核基地上冲绳的牺牲，无视冲绳基地问题与日本核电问题的同构性，没有洞察到福岛核事故之后东京电力将危险的工作转嫁给下级机构和个人所表现的明显阶级差别，反而使用伦理道德范畴内的用语描述。这种去政治化的意图表明村上缺少对战后日本历史和政治的深刻洞察。

正是由于上述视野的缺失，对于核问题，村上春树始终是以"日本人"或"我们日本人"作为主语，使问题一般化，而不是当作自己的问题去面对。他在文本中两次提及的广岛核爆死殁者纪念碑上的一句话"请安心入眠，因为错误不会重犯"一直引起广泛争议：犯错的主语的缺席，是要批判不明示投下原子弹的主体，还是以反省的姿态来告诫日本人自己？村上的态度含混暧昧，他的发言则是站在战后日本学界对历史和战争责任采取"暧昧主义"的延长线上。而这种缺乏自我批判的视野表现出他对历史若即若离的态度，又是通过一定的文本策略完成的：他将日本发动殖民主义和侵略战争的相关记忆安插在文本中，在片刻间唤起听众记忆之后，随即对其消解，从而让听众感受所谓的"疗愈"效应。

之所以说村上的发言缺乏未来的视野，是因为作为一个知名作家（哪怕即便不是），在既成事件和定论面前，单纯地表明态度已经不具有任何实际意义。重要的是，应该丢弃怎样的历史观、选择怎样的历史观和社会——核电自始至终只是手段而不是目的，而这一点显然也没有进入村上的视野。

三

"三一一"大震灾让日本产生了巨大的挫折感和危机感。是以灾难为契机，进行深刻反省，清理出恶的累积；还是闭目塞听，让记忆暧昧化乃至空白化？

姑且不去理会对村上春树的赞扬，我们先来听一下村上春树"反核宣言"在日本所遭受的批判之声，就可以明白，废核运动在日本为何如此难以推进。

一种声音：发行几百万册的《挪威的森林》都是使用核电印刷的，而电视媒体的宣传又消耗了大量核电，你村上在享受核电的便利之时怎么不去"反核"？

又一种声音：村上只对日本抗议，怎么不去抗议进行核试验的中国和朝鲜？

再一种声音：在日本，已经有了大江健三郎这样一个"不懂"世事、喜欢"歪曲"历史的作家，如今又出了村上春树这个同样"不懂"世事、扰乱人心的作家，还在国际上爆料日本的"丑",这不是在引导日本更加"自虐"吗?

就在这几种声音出现之前,关于核辐射与废核,日本政界出现了这样的声音:时任经济财政大臣的与谢野馨称福岛核事故是"神的事业",强调将事故赔偿责任加于东京电力有失妥当。(5月20日)而时任日本自民党干事长的石原伸晃则声称意大利废核运动是一种歇斯底里的反应。(6月15日)

这几种声音告诉我们:一个仅仅喊出反核口号,而没有任何实质内容的知名作家都被日本一些人视为"非国民"。这对于遭受两次核辐射(加上1954年日本第五福龙丸渔船在比基尼环礁遭到辐射,确切地说是第三次)的日本人来说,让人匪夷所思。尽管诉求核电危险性的声音从来没有断绝,但是真正倾听这种声音的人并不多。日本政府一方面呼吁要回到广岛、长崎这一"原点",另一方面计划在广岛的濑户内海之端的祝岛开发核电。当福岛核事故发生之后,指责政府和东京电力的欺骗行为的声音不绝于耳,却很少有人去面对自己此前在核电开发和核武器制造问题上的沉默。无论是政府还是国民,都难以保持核态度的一贯性和彻底性。

还记得1996年村上春树凭借《奇鸟行状录》获得颇负盛名的当年度的"读卖新闻文学奖"时,时任该奖项评审委员会主席的大江健三郎对他说,只要他继续忠实地探索自己内在纯真深沉的各种题材,便足以回应读者的期望。而村上也阐明了他写作《奇鸟行状录》时理解日本社会的钥匙：暴力是理解日本的关键。尽管此后村上的写作在日本乃至全球都赢得了难以计数的读者，却丢掉了自己曾经理解日本社会的"钥匙"。恰恰因为如此，我们更加期待村上春树以反核为契机的"重生"。

2011 年 6 月 20 日

（原载《外国文学动态》2011 年第 6 期）

# Ⅲ

# 中间人

# 从文载道到金性尧

　　金性尧（1916—2007），笔名文载道，浙江定海人，文史随笔作家、现代著名出版人。20 世纪 30 年代至上海沦陷时期，他编辑过《鲁迅风》《萧萧》《古今》《文史》《万岁》等刊物，曾出版《星星小文》《文抄》《风土小记》等书，颇为时重。经过历史风云的几番舒卷，现在的年轻人，大概已不太知道民国作家文载道了。20 世纪 80 年代，《唐诗三百首新注》《宋诗三百首》《明诗三百首》三本书因编选精当、注解详尽，销量创下古籍图书的出版奇迹，使文史家金性尧受到关注。与此同时，他又操起老本行，钩沉史料，叙述掌故，写出《清代笔祸录》《伸脚录》《不殇录》《饮河录》等书，作为作家走进知识群体的视野。学者扬之水论及他的文章特色时，这样说道：

　　　　先生之文，不以文采胜，亦非以材料见长，最叫人喜欢的，是平和与通达。见解新奇，固亦文章之妙，但总以偶然得之为妙；平和通达却是文章的气象，要须磨砺功夫，乃成境界，其实是极难的。

　　他总能从细微处着墨，评骘古今得失，别有所得。
扬之水的这一评论，堪称公允。除了这些考评史事、议
论诗文的文字，他还有少数怀旧忆故的随笔。后一类的
文字不多，也给人一种明月清风、天地开阔之感。2004
年，《万象》杂志上刊登了他的一篇怀人随笔《悼黎庵》
（第 6 卷第 1 期），回忆与周黎庵相识和共办杂志的往事。
虽说写的是个人情感，但由于涉及沦陷时期的一些重要
人物，说出了一些历史真相，具有一定的史料价值。金
先生说起他和黎庵的交往：

　　　　单就我和黎庵来说，两人最接近的还不在这时，
　　说来痛心，却是在《古今》的那个阶段。

　　这段往事让他痛心，并非说的是二人友谊的破裂，
相反，他俩私交非常深厚，甚至黎庵西逝时，他还感慨
"九重泉路尽交期"。使他痛心的，是《古今》不光彩的
背景，以及他附逆"落水"的行为。《古今》是上海沦
陷后新出版的第一种文学期刊，创办于 1942 年 3 月。以
前只知道它与汪伪政权有染，详细情形并不了然。陈青
生先生在他的《抗战时期的上海文学》（上海人民出版社
1995 年版）一书里，是这样介绍《古今》的：

　　　　创办人朱朴，主编者周黎庵（陶亢德、文载道
　　曾参与编辑）。该刊虽曾声明系朱朴私人出资创办，

但由于朱朴身为汪伪党政要员，且透露过周佛海对该刊"在精神上和物质上"均有极大帮助，故始终被视为汪伪派期刊。

据金性尧介绍，朱朴曾任汪伪政权交通部次长，办《古今》时已经下台了。作为当事人，他具有一般人所不能有的近距离接触的机会，披露的史料可信度比较高。这样，《古今》资金的来源以及朱朴与汪伪的关系就比较明了了。

《古今》出到 1944 年 10 月第 57 期休刊后，文载道利用《古今》余稿续办了一期《文史》，半年之后，完全脱离古今社又办了两期《文史》，该刊于 1945 年 7 月终刊。《古今》和《文史》的取材注重文献掌故、散文小品，趣味朴实古茂、清淡隽永，直到今天，两刊的可读性都非常强，是沦陷时期文学研究中不可忽略的史料。从这个意义上讲，作为两刊编辑的文载道有不可忽视的功劳。

如果文载道在沦陷时期的文学活动仅止于此，考虑到他早年与鲁迅有交往、追随鲁迅的经历，再加上 1949 年 10 月以后从事编辑工作之余执着于考评历史、评论诗文，那么根据中国文化史的叙述逻辑，他必定被视为一代文化大家而芳名远播。然而我们常常被人性之复杂捉弄得不知所措。

文载道曾经是上海"孤岛"时期名噪一时的《鲁迅

风》杂文作家。那时，他积极宣传抗战爱国，严厉谴责汉奸卖国行径。在《踢走它》一文中，就汪精卫的所谓"细细想来，秦桧算不得汉奸"之语，他慨然道："凡是一个大汉奸的事敌，总是有许多貌似'理直气壮'的理由。不是诬别人的'好大喜功'，就是说自己是'忍辱负重'……正如桓温的'大丈夫不能流芳百世，亦当遗臭万年'二语，为多少民贼国奴作掩饰，作'解嘲'，与作辩护！……那末：这百年来的苟安就应该无情的踢走它！"面目何其凛凛。

上海甫一沦陷，他作《风土小记》以抒战时"乱离民"的感伤，开篇即言"今年的盛夏中，于病榻上看了一点记载风土气候之作，不禁深深的引起风土人情之恋，然一面亦有感于盛会之不再，与时序的代谢，诚有宁为太平犬，莫作乱离民之感"。人罹亡国之惨，往往从历史中寻求立足之本。文载道在同书中提及他阅读鲁迅所译之《域外小说集》中显克微支的《灯台守》，以及明遗民叶天寥的《甲行日注》，谓"几无一而非麦秀黍离之痛"，叹"世上最可悲矜的，也惟有'孤臣孽子'之心！"

然而有一天，他开始吸食鸦片了。为了赚得鸦片钱，他经常在官厅色彩浓厚的文学活动中露面，遭到了历史的嘲笑和后人的诟骂。有个叫天戈的人在《群丑现形记》（正行出版社 1945 年版）的"文载道变节始末"一节里，描绘了文载道吸食鸦片的丑态：

他有阿芙蓉之癖，每天非睡至正午不起床，面黄肌瘦，烟瘾十足。

对于自己的变节行为，文载道在《悼黎庵》一文中有一段忏悔的文字，现抄录如下：

……和黎庵合办了《古今》，朱朴是没有金钱和权势的，但因投靠了周佛海，经济上也有了保证，成为周门一个高级清客。

我也是相差无几，后来是自甘附逆。作为《世纪风》的作者原是很清白的，作了《古今》的不署名编辑，政治上便有泾渭之分。抗战胜利后被人诟骂，也是咎由自取。每个人的行动都应由自己负责，我是自己撞上去的。因为这时候我正在吸鸦片，需要钱用。这真是百悔莫赎的恶果，我一生的许多错误，皆由此而来。

不过，也有学者对文载道为了赚得鸦片钱而附逆这个推论表示怀疑：他是浙江定海的望族之后，家道殷实，是沪上文坛有名的"富有财主"（徐訏语），据说抗战胜利后一直闲居在家而无衣食之困，似乎到不了因缺鸦片钱就亲敌的地步。据悉，在此之前，他很少公开谈战时往事，也没有公开表示过忏悔之意，不少同龄人对其不无贬斥。半个多世纪过去了，文载道已至颓龄，他恢复使用金性尧的原名，用颤抖的笔写下自己的忏悔，寥寥数语，而言之谆谆。相较于沦陷时期大多数附逆文人，灵魂的清浊、气度的宽狭，还是可以读得出的。对于我们这些不善于或拒绝清洗自己灵魂的人来说，老人的忏悔有着太多的意味。

在沦陷区的学者和作家中，文载道也称得上学识渊博，著作勤奋，但并非如周作人那般鲜有其匹。后世知识人有必要了解他及他生活的世界，是因为在这里，文人的心态与价值取舍历历在目，亦能窥测中国现代文化接受史的侧面。

对于研究者来说，若是以法官心态来评判文载道及其忏悔，会有一种扮演正面角色的崇高感，而在道德感日渐稀薄的今天，精神上的无力和道德上的怯懦依然困扰着我们，并且直接瓦解我们的生存信念、信心、尊严和高贵。认罪，承认自我的局限性，并对自己的行为负责，是维护尊严的不可忽视的力量。晚年的金性尧在他的《饮河录》一书的"后记"里写下这样一首绝句：

頹龄犹苦索枯鱼，笑我无聊百不如。
何事世间情最切，一分明月一分书。

安宁、通达、自适、悠然自得之情，洋溢于字里行间，那是克服了内心的障碍之后而享受的释然境界。

2007 年 7 月，老人走了。历经时间的侵蚀和内心的焦灼悲喜，这位深感"一日无书百岁殇"的老人走的时候应该很平静。随着《文以载道——金性尧先生纪念集》（上海古籍出版社 2008 年版）和《金性尧全集》（上海百家出版社 2009 年版）的出版，治现代文学者和老者的后人携手为金性尧研究掀起了一个小小的高潮。以他的经历、所为，文化史上留下他的足迹也是应该的。然而怎样纪念、以何种方式纪念依然值得思索。比如，完全没有必要把他塑造成一个自始至终坚定的抗日文学家的形象。他在历史的漩涡中被卷进暗流，又以挣扎之姿浮出水面，沉浮间显现的是人的、而不是神的懦弱与坚强。再比如，《金性尧全集》也无必要抽掉文章的写作时间，那样的话，我们就无从察知他一步一步走过来的足迹了。

感知他忏悔的灵魂，我以这种方式来纪念他，并且纪念在侵略者统治下遭到践踏而又绝地反击的那一代人。

2018 年 1 月 3 日改订

# "满映"的"野兽"与美女

## ——甘粕正彦与李香兰

　　1929 年秋，一个日本人的暗影出现在中国东北大地上。他接受哈尔滨特务机关头子土肥原贤二的指示，作为特务先后潜入吉林、哈尔滨，密谋暴动，制造爆炸事件，反污中国人所为，以此为日本关东军侵略制造口实。之后，他潜身天津，趁天津制造暴动之机，把溥仪扮成洗涤物品塞进柳条包里，又让溥仪装扮成苦力，硬是将其塞入三等车厢，秘密挟持到长春，直到把他扶到"满洲国"皇帝的位置。这个人为了"满洲国"的建立，在地下舞台活跃着。在"满洲国"筹建过程中，日本关东军采纳了他的主张，为了作为日本的附属，"满洲国"很快变成"满洲帝国"，采用帝制而非总统制。"满洲国"成立之后，他历任伪民政部警务司司长、协和会总务部长和"满映"理事。与关东军的石原莞尔、板垣征四郎、东条英机以及"满铁"的松冈洋右、岸信介等所谓的政治"明星"相比，他并不耀眼，但是他在"满洲国"扮演的角色之多面，就如同"满洲国"历史本身一样充满了谜团，而且他扮演的每一个角色都发挥着对"满洲国"实际政治和文化情势的影响。故此，当时风行他是"满洲国夜皇帝"的说法。与此相对地，则是手握"满洲国"
实权的"昼间皇帝"关东军。就在"满洲国"随着日本
战败化为乌有之际，他也选择了自杀。这个与"满洲国"
命运相始终的人，就是甘粕正彦（1891—1945）。

上面提到的"满映"，是"二战"时"株式会社满
洲映画协会"的简称，成立于1937年7月，曾作为东洋
最大的"大陆文化生产工厂"而荣耀一时。但成立不久，
即因贪腐和权力斗争而陷入"半黑社会化"状态。当关
东军政府下决心整顿"满映"时，铁腕人物甘粕正彦被
认为是最佳人选，却同时引发了"满洲第一的非文化人
统治满洲第一的文化机构"的争议。"满映"职员担心公
司有可能在宪兵监视下而成为军事监狱，在中国东北的
日本文化人也热议："满洲国"文化是否可能实施宪兵式
统制。据说在日本战败之际，"满洲国"流传着这样一幅
漫画：用白纸红墨水画甘粕正彦自杀的情景，他左手举
着李香兰主演电影的宣传海报，右手拿着一瓶氰化钾，
对手下说："我们一起去死吧！"漫画里的甘粕肥头大耳，
站在一只被层层波浪包围着的小船上，眼看着船就要翻
了。漫画的题字是："滚回老家去！"可见在人们的心目
中，"野兽"甘粕正彦与当时风靡亚洲的名伶李香兰
（1920—2014）足以代表"满映"那个时代。在日本战败
之际，他作为侵略者的象征而广遭唾弃和舆论审判。

甘粕根本不理会那些反对的声音，执掌"满映"之
后，他大刀阔斧地进行了改革，反而意外地放弃了宪兵

式的"国策电影"制作方案，选择走娱乐电影的柔软路线来推进对民众的"教化"。更让人意想不到的是，这个当初趁关东大地震的混乱之际杀害无政府主义者大杉荣的人，"摒弃"主义之见，招徕一批包括在日本国内遭到镇压没有生存空间而逃到中国东北地区的左翼知识人等各种人才，着手做一个在当时的日本、朝鲜半岛等地也不曾做过的"电影实验"。在他的努力下，到了1943年，建成了以"满映"为主体的庞大的企业集团。

当然，他的野心不止于"满洲国"。以"满洲国"为据点，以"满映"为主轴，不断向华北、华中乃至东南亚推进，构筑"大东亚电影圈"才是他最终的梦想。因此在甘粕成为"满映"理事长次月的1939年12月，由"满映"和伪中华民国临时政府共同出资筹建的华北电影有限公司成立，这个负责向华北占领区配给、输出输入、制作和普及电影的公司被视为"满映"的"华北版"。接着，他又开始觊觎"中国的好莱坞"上海电影界的霸权，于是以自己的靠山板垣征四郎就任中国派遣军总参谋长为契机，意欲收购上海的中华电影公司，取代川喜多长政（1903—1981）而在上海电影界执牛耳。因此川喜多迅速采取行动，飞往东京向军部申诉。结果日本军部出示文书，要求华中中国派遣军不得干涉中华电影联合股份有限公司的运营，只要不违反华中中国派遣军的基本方针，公司的经营方针全部委托给川喜多。甘粕因而放弃对中华电影公司的干涉。出于国家利益的考虑，1942 年 7 月，"满映"、华北电影公司、中华电影公司汇集长春，召开大陆电影联盟会议。甘粕和川喜多和解，开始合作拍摄电影。当时天生貌美、嗓音性感同时又是语言天才的日本人山口淑子，也就是拥有中国名字的李香兰的出现，恰好满足了甘粕对一个能"弥缝东亚裂痕"的角色的所有想象。李香兰在"满映"初登银幕，完成《蜜月快车》等系列电影之后，就迅速成为"满映"的招牌女星。她在 1940 年到 1942 年多次出演"满映"与东宝合作的影片，不久又出演东宝和华北电影有限公司共同拍摄的影片，进而出现在上海的中华电影联合股份有限公司作品的银幕上。由李香兰主演的电影不仅风靡日本占领区和东南亚，就是在当时的重庆和延安也掀起了"李香兰热"。她成为不折不扣的东亚明星。

然而李香兰对甘粕的印象并不佳，有恐惧，也有同情。在她的回忆录中，甘粕正彦更多地是以恐怖分子的面目出现，在甘粕与川喜多矛盾激化的时候，疯传有人要暗杀川喜多，而李香兰眼前马上浮现出的便是甘粕的面孔。1944 年秋，李香兰不堪自己"中日身份"的撕裂，决心退出"满映"，于是向甘粕提出申请。她本以为甘粕会为此大怒，但甘粕却出乎意料地平静接受了，并且对李香兰说："非常能理解你的心情。这么长时间辛苦你了"。李香兰还回忆，甘粕那敏感的神经紧绷着，一到酒桌上就撒酒疯，比如把吸了半截的烟扔到锅里，把做好的饭菜扔掉，把酒泼到和服上，摔断酒席上艺人弹的三味线。种种异于常人的举动，似乎在发泄他在暗夜行动中的恐惧和压抑，性格极为扭曲。

1945 年 8 月 20 日，甘粕正彦服用氰化钾在理事长办公室自杀。那天办公室的黑板上写着：

**一场豪赌，血本无归，一无所有。**

随着甘粕正彦一起被埋葬的，是"满洲国"和他的"大东亚电影圈"的梦想——如果从这个层面上理解，的确是"血本无归"。他带着决死之心，在苏军进攻之际，同"满洲兴业银行"交涉，取出数百万日元现金支付给"满映"职员，他把"满映"的运营委托给中国职员。在同中国职员告别时说："不管这个公司是由中共运营，还是国民党运营，请在座的职员务必仔细保管器材。"而且，他还同关东军交涉，索要车辆，使得日本职员成功撤离长春，而在战败之前，日本政府到处征兵，他曾经力阻关东军征召"满映"职员。

实际上，"二战"后几乎所有旧"满映"中国职员谈起甘粕正彦，都说他是不可一世的军国主义头子、蛮横、如野兽般残忍。或许是"满洲国"留下的阴影过于沉重，如今的长春电影制片厂三层高的史料馆里，有关"满映"的历史也寥寥几笔轻轻滑过。

当年在审判杀害无政府主义者的法庭上，为了维护军部利益，甘粕正彦宁愿被判入狱也不作辩解，这对于奉"忠君爱国"为至上目标的他来说，并不是多么大的牺牲。他深切地意识到，"掌握了文化机关，就掌握了真正的权力"。他在"满映"期间无论是"荫庇"日本左翼知识分子还是中国人，都是出于缔造"满映"辉煌的需要，与其说那些行为是"人性的释放"，不如说他只是个合理主义者。无论如何都要去吸取欧洲先进技术的他，也喊出了"将'自由、平等、博爱'驱逐出日本"的口号。说到底，他是个精神的锁国主义者，是个热烈的天皇崇拜者。揭示甘粕的人生轨迹和复杂的人性，或许可以触摸到徘徊在黑暗处的"满洲国"的纤细神经，也能够触及昭和日本知识人普遍的精神信仰吧。

（原题为《揭秘伪满洲国"夜皇帝"甘粕正彦》，载《光明日报》2016年10月29日）

# 战争下的李香兰

　　2014 年 9 月 7 日，李香兰，一颗巨星陨落了。不过可以预见的是，她的人生、她的故事仍将被传播和演绎。事实上，在她生前，一个被不断神话化的李香兰已经独立于她而存在了。"李香兰神话"的原点，大概就在于战争残酷性与艺术美妙性的交织，让她在身份认同与爱恨情仇之间苦苦挣扎，也苦了她的歌迷、影迷：在战后的审判庭上，法庭内外的中国人愤怒地声讨为日本人效力的李香兰，检察官也要求判处她死刑，可是谁能否认这些群情激昂的人的内心，没有回荡过《夜来香》与《何日君再来》？就在那时，李香兰吐露，她是日本人。这个身份让她免于被判刑，而被遣返回日本。不过李香兰一直没有逃脱和逃避内心的审判。她在担任日本国会议员之后，不辞疲倦地为中日友好奔忙，提醒小泉纯一郎不要参拜靖国神社，否则会"深深地伤害中国人的心"，直至九十岁高龄，一直投身于解决战时从军"慰安妇"等问题，以高于常人数倍的密度过着赎罪的后半生。在这里，我依然想从战争这一视角出发，谈谈我对那段历史中李香兰及其同时代人的命运的理解。

李香兰，本名山口淑子，1920 年生于沈阳，父亲山口文雄是"南满洲铁道株式会社"（以下简称"满铁"）的职员。据说他对自己的身份地位颇为不满，所以把希望寄托在女儿身上，从小就教她学中文，盼望她长大后成为外交官或者是新闻记者。生性聪颖的淑子于是按照父亲的愿望成长着。

"满洲国"成立第二年的 1933 年，奉天广播电台为了吸引中国听众，策划了一个名为"满洲新歌曲"的栏目，致力于挖掘、整理中国民歌和流行歌曲，作为"国民歌谣"反复播放。能够成为"国民歌谣"的专属歌手的条件非常苛刻：中国少女、识乐谱、能说北京话还懂日语，并且能够跟工作班底进行工作上的交流。然而当时符合条件的"满洲国"中国少女根本不存在。这个时候，十三岁的山口淑子出现了。她唯一要做的，就是抹掉自己身上的日本色彩，成为一名"中国少女"。这样，作为父亲友人、亲日军阀李际春的养女，山口淑子摇身一变，成为奉天广播电台的专属歌手李香兰而公开露面。尽管晚年的李香兰在采访中辩解，使用养女的名字是中国常见的风俗，与政治宣传毫无关系，可是李香兰的母亲当初同意她参加广播演出，却有"报效国家"的考虑。或许她本人并没有意识到，是"李香兰"让山口淑子的命运发生了转折，以中国人的面目投合了日本殖民的需求，在无意间与后者达成共谋。而在上海"八一三"事变之际，寄宿在父亲的朋友潘毓桂家中、在翊教女中就读的李香兰，就隐瞒了日本人的身份，以潘氏养女"潘淑华"的面目出现在当时的抗日游行队伍里，而深感恐惧不安。可以推测的是，从小就经常夹杂在中国人里的她一定有过很多这样战栗不安的体验吧。

其后，在华北中国派遣军司令部陆军少校和"满映"管理部门的山梨稔的斡旋与恳求下，李香兰又成为"满映"的专属女演员，不久与东京的东宝电影公司合作，之后又打进上海电影界。她主演的"大陆三部曲"《白兰之歌》《支那之夜》和《热沙的誓言》让她成为万众瞩目的明星。这些作品都是战时的日本作家为实现"文章报国"，以移民、开拓中国大陆为"国家事业"而进行的创作。李香兰所扮演的"坚贞、漂亮的中国姑娘"，最初都坚决抗日，后来面对热血沸腾想要雄飞中国大陆的日本男青年，却被男青年的爱情打动转而倾慕。她因此被视为日本政权为使"满洲国"正当化而提出的"日满亲善""王道乐土""五族协和"等口号的象征性存在。

《支那之夜》是在一股日本将其侵略中国的行径正当化的风潮中拍摄的。日本东宝公司在上海拍摄外景时，得到了日本军部与汪伪政府联手成立的中华电影联合股份有限公司的大力协助，其中用力颇勤的是刘呐鸥等四位职员。为此，影片开头的"献辞"中对刘呐鸥等四人特意表示感谢。正是在这部电影的拍摄过程中，李香兰、刘呐鸥暗生情愫。刘呐鸥何许人也？他1905年出生于台南柳营望族，1926年从日本青山学院毕业后到上海谋求发展。1928 年至 1931 年，刘呐鸥致力于开设书店、创办文艺杂志和创作小说等活动；1931 年至 1939 年，从事经营电影公司、拍摄电影和撰写影评工作；1940 年，接任于同年 6 月 28 日被暗杀的穆时英空出的《国民新闻》社长一职。同年 9 月 3 日，刘呐鸥也被暗杀。次日北京的《晨报》和上海的各大报纸，例如《国民新闻》《平报》《中华日报》等都报道了这一重大事件，汪伪政权宣传部部长林柏生发表唁电。9 月 5 日《国民新闻》以头版头条刊载汪精卫给刘呐鸥家属的唁电。这些似乎坐实了刘呐鸥是"追随日伪、助纣为虐的汉奸文人"的身份。

就心性而言，刘呐鸥是个缺乏政治热情和政治头脑的人。他当初拍电影，积极提倡"电影是给眼睛吃的冰激凌，是给心灵坐的沙发椅"，与左翼电影人对立。他强调艺术的独立性，声称"要活我自己"。就在他遭到枪击的前一天，仍在积极安排演艺工作，和李香兰约好，打算第二天在南京路跑马厅对面的派克饭店见面。李香兰如约前往，却始终没有等来刘呐鸥。1941 年 1 月，李香兰到台湾巡演，特意到台南的刘家看望了刘母和他的妻儿，并留下数张合影。据说，为了避人耳目，李香兰穿着刘妻的外套，从后门悄悄离开。

李香兰、刘呐鸥的恋情隐如伏流，李香兰直到晚年才开口向人吐露。笔者推测，上海时期的刘呐鸥因为在国籍上属于日本，身在中国的他不敢暴露自己的身份，长期以"福建人"自居；而李香兰在事业的鼎盛期也一直以"中国人"身份示人，尴尬的政治身份或许让他们惺惺相惜。一位导演，一位明星，二人都极具艺术天赋，都对政治愚钝，最终无法"要活我自己"。在日本殖民统治的地区，殖民资本所带来的现代性，为这些特殊身份的人提供了寻找自我的资本；与此同时，殖民统治又使他们成为没有国籍的人，走向对日协力的道路。这是历史的悲剧，对此我们唯有避免战争。

2014 年 9 月 18 日

（原载《光明日报》2014 年 9 月 29 日）

# 我与梅娘过往录

就在梅娘 2013 年 5 月 7 日辞世的那个夜晚，我回想着十多年来与她交往的点滴，竟至一宿难眠。

听到梅娘的名字并且阅读她的作品，是在我 1999 年写硕士论文的时候。现在回过头来看，那时候，我并不确切地知晓学术研究的含义，也无法将学术研究与自己的人生关联起来思考，就连硕士论文的题目《"汉奸文学"初探》都是导师赐予的。对我来说，这是个完全陌生的领域。作为一个中文系研究生，我从本科阶段开始系统研读现代文学，但是迄至那时的文学史，几乎不涉及沦陷区文学。不到一年的论文写作期间，我完全无法消化原始资料。而且，那些原始资料本来就遗失、损毁得相当厉害。硕士论文中有关梅娘的部分并无洞见，但为了纳入自己的叙述框架，无非是关注她在北平沦陷时期参加日伪当局组织的文化活动，等等。

2000 年 9 月，在北京社科院一次小范围的沦陷区文学座谈会上，我第一次见到梅娘，还有蓝苓。那天梅娘提起张爱玲，语气中有些不以为然。那时我正耽读张爱玲的作品，难以接受别人对她的不屑。那次聚会之后，我就没有跟她有过接触。再次相见，已经过了四年。那仍然是一次小范围的聊天。第一次见面时她留给我的霸气印象完全不见了，体贴、超强的记忆力和幽默深深地吸引了我。从那以后，我就时不时地踏入中关村南大街那栋小白楼，听她讲述过往历史、现实的政治关怀和读书感受，听她骂历史、骂人。她也讲麻将对锻炼脑力的好处、保养身材的秘籍，等等，温暖而痛快。我也会跟她分享自己的感情生活和学业进展。她有一些习惯：总是把大家送给她的不同的礼物分给大家；每次出国，回来总要给亲近的人送礼物。有时有访客而保姆不在，她就让我到她家附近的菜馆订菜，每次都会把菜钱给我，绝对不允许我掏钱。到了吃饭时，她自己吃得很少，却总是不停地给在座的其他人夹菜，慈祥得像想象中的自己的奶奶。

那时我并没有想到要把她作为自己的研究对象，所以没有养成记录和整理相关资料的习惯。一方面是因为她对于来访者不断探听自己过往的历史很是厌烦，虽然总是热心款待，但内心充满警惕，这让自尊心强的我不愿意为了研究成果，去讨她的心烦；另一方面，梅娘研究看似成果丰硕，但如今仔细看来，观察和研究的视角狭仄，主要集中于她在北平沦陷时期的那些水族系列作品和她参与"大东亚文学者大会"等文化活动，以及她后来在反右和"文革"时期的坎坷经历。那些不断重复的类似的叙述语言让我感到厌烦，但是我自己也没有超越这些观察和研究的视角。当时我以为，梅娘的文学活动和生命意义仅止于此。换句话说，我并没有充分认识到梅娘研究的价值和意义。有一次，梅娘听说周作人在他的文化汉奸案件的审理中说她勾结日本人反对他，她异常气愤，说自己已无力动笔，问我是否愿意把这段历史梳理出来，还她清白。我当时觉得这段轶事很有意思，于是查阅资料，铺展成一篇小论文《周作人与梅娘——抗战胜利后一个颇具戏剧性的插曲》，刊载于《博览群书》。渐渐地，她放松了对我的"警惕"，偶尔会谈及沦陷时期那段不为人知的历史，与抗战胜利后整肃汉奸时期辗转逃离北京的辛酸、生育之痛、反右与"文革"的生活，等等。

在这十余年间，我本人也经历了诸多磨难。对人生的不顺遂体验越深，我就越能理解梅娘，包括她叙述历史时种种的自相矛盾。梅娘是积重难返和多灾多难的中国现代北方都市文明的产物，她的底色是东北的肥沃黑土。如果把梅娘从中国的这段历史中抽出来，对她的某句话、某些文字中的矛盾横加指责，是对历史的一种不负责任的态度。而且，我以为那些标榜道德洁癖者对人的不确定性、自我的缺陷、混乱和矛盾缺乏必要的了解，人们常常忘记，我们自己也是充满缺憾、疑问、痛苦和羞耻的。

完美的人和事物是不存在的。而且完美的人和事物也没什么可说的。我渐渐动起了写《梅娘评传》的念头。

偶尔趁梅娘高兴时我开玩笑似的跟她说起来，她时而赞同，时而反对。于是，写作计划搁置了。但是我与她之间的信任建立了起来。2009 年初秋，我举行了婚礼，为了避免打扰她，我并没有告诉她婚讯。婚礼当天，我意外收到了日本朋友野原敏江为我制作的写满祝福的纸板。在纸板的右下方，我竟然发现梅娘的签名祝福，不禁潸然。后来匆匆跑到她家，她就开始数落我不把她当朋友，我就笑着任由她数落。数落完，她从卧室里拿出一个小盒子，打开，有一串项链，说是特意委托在美国的外孙女帮她买的结婚贺礼，还拍拍我的头笑嘻嘻地说："得了，我不说你了。这次你找到了自己的 Mr. Right！我的眼光没错！不信咱们看吧。"

　　自 2011 年 11 月中旬的某一天起，以梅娘和香港黄氏姐妹通信集在人民文学出版社出版为契机，梅娘的女儿柳青把张泉老师、侯健飞老师和我召集在一起，想就梅娘口述史和梅娘全集的出版工作做点什么。我们约定每周与梅娘对谈一次，访谈中各自做口述记录。在我，是想写一部《梅娘评传》之类的东西，但写什么、怎么写都没有头绪。访谈中，有时过于琐碎的提问动辄就惹恼了她，她会把在场的每一个人都训斥一遍。我们几个总是偷偷相视而笑，亦不计较。现在想想，她说的无不击中我们为人为学上的弱点，不得不叹服。比如，她多次提醒我："不要以为你留过学会说几句外语就多了不起，你的日语能学以致用吗？"有时本以为她累了，生气了，扭头走了，不理我们了。短短一觉醒来，她又精神抖擞地走出卧室，接着聊，边聊边微喘，看上去很累了，但仍然不停地说，让人不忍打断。而我后来的不少写作灵感就源于她那些不想说又不由得说出来的只言片语。那之后，如果不是访谈的日子，我就很少去看她，总担心对她的打扰太多，内心实在不忍让她与总也甩不掉的过去牵绊在一起。5月9日那天，在梅娘的葬礼上，跟随梅娘多年的保姆王姐把我拉到身边，跟我说，梅娘临终前那几个月，我很少露面，她老是念叨："玲玲怎么还不来呢？这小玲玲到底在忙些什么呢？"尤其是在有学界中人拜访她的时候，她念叨得更多一些。大概是这么多年，有人拜访她时，我总是伴随着，也总会说笑逗她，她或许习惯了在人群中见到我的身影。我感觉在她的眼里，我是个快乐的人，有时甚至没心没肺。偶尔，我觉得我能够理解她，然而仔细想，梅娘内心深重的孤独，我也是不懂的。

都说"文如其人"，于梅娘而言，文、人不一的地方则在于文章清丽典雅，而为人那豪爽泼辣，那痛快劲儿，让我在追忆她的时候带着泪水笑了。私下里，她骂世间的不公，骂人性的堕落，在骂得淋漓痛快间往往"他妈的！"脱口而出。她谈历史、谈文人，深情而诚挚，但到了最后，往往又重重地来一句："都是胡扯，瞎掰！"我和日本学者大久保明男多次结伴拜访，每每听到这句口头禅，都会低着头相视而乐。正因为历史传授教训，涉及伦理，她才怀着敬畏感在历史面前尽可能有尊严地活着。然而历史强加给她，以及她的同时代、同命运的作家又何其多？她免不了在一番"调戏"历史之后，依然优雅庄重地活着。这是我认识的晚年梅娘。

在梅娘去世后的这段日子里，很多媒体报道了她去世的消息，刊载了怀念文章。然而，其中以讹传讹之处颇多。首先是她的生辰年月。1920 年 12 月 22 日是学界普遍的说法，它源于 1949 年中华人民共和国成立、户籍制度逐步健全之际梅娘在报户口时的自我陈述。我发现华北沦陷时期的杂志上标注她生于 1917 年 11 月 13 日。当面求教之后，梅娘也不否认，我便在其后发表的相关文章中，以原始资料为依据标注了梅娘的出生年月；而最新发掘的资料表明，梅娘生于 1916 年农历的十一月十四日。关于梅娘报道的另一错愕之处在于：普遍将沦陷时期上海女作家关露的照片错当成梅娘的照片，还有的纪念文章里放上了冰心年轻时的照片。起初我以为是作者所为，直到笔者的拙作《战时下的文化触变：以梅娘为个案》登载在《书城》2013 年第 7 期。那篇文章在未经作者允许的情况下，编辑又把关露年轻时的照片放了进去。我才知道，关于梅娘，以讹传讹的，除了梅娘本人、研究者，还有编辑。梅娘这位命途多舛的老作家，从出生到辞世，有关她的历史都充满了讹谬。我也不禁感慨："都是胡扯，瞎掰！"

回到历史，在东北沦陷十四年间，共出版女作家文学作品九种，梅娘就占了其中两种（《小姐集》和《第二代》）。她在1939年下半年至1941年从日本短期归国住在北京；1942年之后定居北京，从事创作、翻译、编辑，成为沦陷区文坛最为活跃和知名的女作家之一。如今回头看，梅娘的作品，无法光耀文史。正如她对自己的定位：只是一只草萤，在民族蒙难的艰涩岁月，莽撞地运用了青春的笔，燃着微光，送走生命。客观地看，生存在沦陷区，中国人必然与殖民体制保持着一定的共生关系。也就是说，除非离开沦陷区，或反抗流血而死，不管主动还是被动、愿意还是不愿意，他们都以不同的关系形式被嵌入那个殖民社会结构当中。个人失去行动与意志的自由，首先应归咎于日本侵略所造成的生活世界的殖民化。

说到日本的战争责任，在梅娘去世次日，日本庆应大学杉野元子教授在给我的邮件中的一番话颇有深意。元子老师说："对日本占领时期梅娘的活跃状况知道得越多，就越能体会日本的侵略战争让人疯狂的一面，就越能体会创作如此众多优秀小说作品的不易。而想到这些，作为日本人，我实在羞愧难当。"只有充分认识到对战争责任要有深刻认知和担当，才能让中日两国泯灭恩仇。这是另外一个话题。我更想说的是，长久以来，我们后人总以为唯有侵略国日本需要反思，不去思考国土沦丧的那段历史，同时大量创作种种不符史实、白痴化日本侵略者的"抗日神剧"。另外，又往往将沦陷时期视为历史的"黑暗时期"或"中断时期",叙说时尽可能一笔带过,具有忽略、遮掩甚至歪曲的倾向,以为不触碰那段历史,将它翻过去,就能轻而易举地越过历史的疼痛、民族的耻辱。三十多年来,"填补现代文学的空白""把埋没了的文学财富发掘出来,丰富我们的文学宝库"成为治沦陷区文学者最响亮的口号,而且事实上沦陷区文学研究也确实取得了卓著的成绩。但不可否认的是,无论是基本资料的挖掘整理,还是理论的提升,都有大量的工作要做。如果我们不对基本史实加以梳理,沦陷区文学的整体面貌仍然混沌不清,就会让我们在常识问题上犯低级错误。这是梅娘的生命历程给我的启示。

这四年多的时间里,我多方搜集有关梅娘的资料,发现她在"满洲国"时期的文化活动基本没有得到梳理,而她在北平沦陷区的文学活动也被阐释得不够全面深入,更不用提她在反右和"文革"时期的活动了。也就是说,她与历史的互动从深度和广度上都没有得到深入的挖掘。回忆我与梅娘的过往让我觉得,认识梅娘的历史,也是我个人不断成长的历史。我希望能够写出梅娘生命的底色和她所属时代的底色,也希望能坦率地表达我对她的批评。我想,唯有此,才能回报我与梅娘结下的这段缘分。

2013 年 5 月 10 日

# IV

# "不抵抗"主义

# 寺田老师

　　寺田德子老师在东京大学文学部国际交流中心教授日语。外国留学生一入学，首先就要接受日语测试，然后根据听、读、写的成绩分班。测试的结果，我的读、写成绩是优，听力最差，并且后来我的日语水平一直遵循着这样的结构。寺田老师把我安排在阅读的高级班，然而课程的难度远不是只学了半年日语的我所能接受的。她经常进行小测验，开始的很长一段时间里，我的小测验成绩总是在"D"徘徊。我告诉她自己跟不上，想回到初级或者中级班。她说，不能打退堂鼓，努力一下，你就能赶上来。后来的课堂上，我在看不懂或者听不懂的时候，就望着窗外的银杏。我是 10 月初入学，11 月、12 月都是东大银杏最美的季节。我所在的教室，窗户正好对着东大那条最有名的银杏大道。每每测试，我做完会的部分，就完全无视她的眼神，看着银杏出神到忘记课堂。她也不生气，似乎是一副放弃我的样子。可是，每次批改作业，她都很认真，指出错在哪里，还会写鼓励的话。不知不觉间，小测验的成绩由"D"上升到了"C"。轮到作文课，她批改得更认真：每篇作文被她修改得满纸都是红色。她要求学生按照她修改的誊写一遍再交上去。没想到过几天，她把誊写的作文拿过来，告诉我还有修改得不到位的地方，让我根据她的修改再誊写一遍。又过了些日子，她又把此前交上去的稿子拿到我面前说，这个地方如果用这个词，是不是更好？就这样来来回回地"折腾"着。我的记忆中，一篇作文"折腾"最甚的，多达七次。在她的训练下，学生会对不进步、不努力产生一种罪恶感。

　　她并不是那种跟学生有亲近感的老师，甚至有些冷酷无情。不少学生就因为她"冷"而不喜欢她。在我眼里，她只是不会用日常的语言，特别是人们惯用的寒暄语言去跟学生交流。无论什么时候，她都不带有现代人维持脸面的虚浮物，眼里所看的，耳朵所听的，连能使人动情的感性之词都没有。学生到了她的办公室，一切该办的、该说的事情结束了以后，她旋即躲进里间的办公室，任凭来者在那里尴尬地站着。而我所感兴趣的，就是她那能直落而下的、透明而深邃的心灵空间。

　　很奇怪，我跟她通过眼神交流就能达到相互领会的程度。虽然我对她一向执弟子之礼，她对我却常常是女人对女人的方式。有时我会稍感不适。有一次写的一篇作文发下来，我诚惶诚恐地看着那满纸的红字，等到看到后面的评语，却忍不住直想乐。评语说："在脑海里描绘着陈桑的日本生活。如果哪一天能在陈桑的家里做客也是不错的事儿啊。"可是我当时租住的公寓前后都被高高的公寓楼挡着，阳光永远照射不进来，又暗又小，进门的第一件事是必须开灯，否则黑咕隆咚的。直到离开东大，我都没有勇气邀请她到家里做客。

有一次过年，她邀请留学生去她家做客。她家书桌上摆放着她穿着和服吹笛子的照片，婉约、优雅。我忍不住想多看几眼，后来趁她不注意用相机拍了下来。在我眼里，她只是以她自己的方式来表达感情，不随俗而已。她很少使用手机，夏天不用空调，很少看电视，最大可能地过着接近原始的、自然的生活。但她的爱美之心一般女人难及，你可以听到她说"嗯，穿得很有女人味""很有情趣"，却很少听她评价学生的成绩好或不好。

我也不知道自己是什么时候喜欢上她的。而她对我的偏爱也表露得很明显。有一天，我收到寺田老师的短信，说："旧古河庭园正办玫瑰展，再叫上办公室的冈本，还有尼古拉（我的乌兹别克斯坦同学），周五一起吃午饭，然后去赏花，好吗？"我忙不迭地答应了。午饭的地点让人惊喜：在根津站旁边的一条巷子里，深蓝色的门帘上印着"根津之谷"，天花板是竹子做成的乐谱，桌椅是原木色，很少的客人或一边看着书，一边吃着饭，或在轻声交谈。桌子上写着"请不要使用手机"，菜谱上全是糙米之类的"自然食品"。我一坐下来，就不得不淑女。寺田老师仔细讲解料理的名称，等大家吃得不剩下一粒米时，她迅速跑到款台结账。并说，不按日本人的习惯，她请客。然而转过身，她却收下了冈本的那一份餐费。

我们的目的地旧古河庭园原是明治元勋陆奥宗光的宅邸，后来由成为古川财阀养子的宗光的次子继承，再后来为日本国家所有。不过陆奥宗光时代的建筑已经没有任何保存了。与东京的六义园、清澄庭园、滨离宫恩赐庭园、旧芝离宫恩赐庭园相比，它的特点是日西合璧。我喜欢这种风格。纯粹的日本庭园乍看起来精致、内敛，很容易让浮躁的心平静下来。但待得久了，会觉得很压抑，令那原本的艳丽失去色彩。那西洋的建筑则显得飘逸、灵动，让我们想到天空，想到遥远的彼岸。据说它的设计者、英国人乔赛亚·康德博士在日本的作品还有旧岩崎邸庭园洋馆、鹿鸣馆等。寺田老师说鹿鸣馆跟日本近代文学的关系极为密切，不可不关注。那个季节的游客是冲着玫瑰去的，但若是没有了玫瑰，庭园的美依然可以独立存在。心字池是日本庭园中常见的设计，不过池中的石头颇为讲究，据说用的是罕见的鞍马平石和伊予青石。垂到水面的是柔嫩得让人心软的绿色枫叶。池的周围有各式各样的灯笼、瀑布和枯瀑布（不使用水来表现的山水景观）、茶室等。我直呼茶室里茶的价格太高。寺田老师说，那是体验茶道的价格，算起来也不能说贵。我说，反正我穷，不体验，寺田老师咧嘴一笑。

2007 年 7 月 25 日，酷暑，那是个永远值得纪念的日子。寺田老师的集中讲义，内容是日本的宪法。早在头一年 4 月的读解课上，她已经花了好几节课讲同样的内容。4 月的那天，她朗诵起宪法第九条。她朗诵完一句，一个美国籍学生就接着用英文朗诵。我对那堂课的全过程至今记忆犹新。7 月那天，讲解结束后，她让大家自由发言谈感受。我旁边的一个中国女生说，日本的那场战争给中国带来太大的灾难，站在中国人的角度，我们当然希望日本人能严守宪法第九条。站在讲台上的寺田老师突然情绪激动起来，她说："至于我，当然会严守宪法第九条。那场战争让无数中国人受害，就像陈桑在作文里写的那样……"说到这里，她掩面哭泣，走到我的跟前，抱着我的双肩，边哭泣边道歉。我忍不住哭起来，哭泣的还有其他中国学生。

　　旁边的俄罗斯人不明就里，惊诧地看着眼前发生的一切。那个中国女生以为是她的话哪里说错了，低声询问。其实，2006 年秋，在一篇作文里，我提到自己的爷爷是被日本人杀害的，准确地说，并不是我的爷爷，而是我的舅姥爷，但在不注重亲属关系的日语里似乎找不到对应的词。寺田老师在作文的评语中写道："你爷爷的遭遇，作为日本人，我向你道歉。"时隔十个月，她依然记得我在作文里写到的这件事，旧事重提。她是侵略国的子民，我是被侵略国的后代，在那个时刻，加害者与被害者的后代和解了。

　　我想，我们学生常常私下里议论寺田老师是个接近"没有生活"的人，那只是从她对世俗生活拒绝的层面上描述的。她不苟言笑，甚至有时惊慌失措，但这样一个

具有深刻反省能力、具有深厚的历史感的人，她的身上
渗透出的是大智慧。随着彼此越来越熟悉，我特别想跟
她交流情感和思想，可是经常找不到熟悉的词。就在我
急得抓耳挠腮之际，她就能蹦出那个词。对，那个词就
是我想要的！

　　我跟她相处的时间只有两年，而与她分别已进入第
十二个年头了。不经意间，她就会出现在我生活中的诸
多瞬间。这样一个异国中年女人的优雅、风情和岛国国
民罕见的胸襟，时时温暖着我。在 2020 年元旦这天，我
搜集此前的日记、博客，还有她给我批改的作业，再一
次重重地想她。我用笨拙的语言，去遥望把自己裹在自
己的语言世界里、与外界对视的她。

2020 年 1 月 1 日

# 不换泡澡水的日本人

　　还清楚地记得多年以前到日本长野的亲戚家做客的情形。她把洗澡水准备好，热情地邀请我"第一个洗"。我进了浴室，看到热气腾腾的浴缸旁边还有淋浴设备，有些迷惑，就跟她说："我不用浴缸，冲一下就可以了。"她则告诉我："不，要先淋浴，再泡澡。"按照她的话，我淋浴、泡澡，然后一边放掉浴缸的水，一边清洗浴缸。女主人看到此番情形，大有惊慌焦虑之色，赶紧关上浴室的门，重新添加热水，嘴里还念叨着："赶紧的，不能让他们知道。"

　　经她的解释，我这才明白，我第一个洗就把洗澡水放掉，这种浪费行为多么令人不齿。日本人通常是先用淋浴清洁身体，然后泡澡，不洗净就进浴缸是不礼貌的。烧一浴缸的水，先是男主人泡，再儿女泡，最后女主人泡。如果有客人来，先让客人洗。最后一位入浴的家庭成员负责清洗浴缸。总之全家共用一盆泡澡水，有人甚至会将同一缸水在次日加热继续使用。不熟悉日本洗澡习惯的外国人以为日本人全家直接轮流泡澡，斥之为脏，难以接受。在我看来，这种习惯除了能体现日本人爱干净的特点之外，还细腻地传达了他们的节约、环保理念。

　　日本人形容浪费时有句话叫"花钱如泡澡水一样"。为了在泡澡上贯彻他们的节约理念，日本人的浴缸采用的是高科技的保温材料，比我们通常用的浴缸在保温性能上高出四倍。他们加热泡澡水的热泵吸收的是空气和大地的热量，既节电又环保。全家人轮流泡澡之后，泡澡水还会被用来洗衣服。而不少日本洗衣机生产企业也充分考虑到这一点，设计洗衣机能直接连接浴缸，说明书上会特意标明"用泡澡水洗涤"的注意事项。当然，泡澡水还可以用来浇花、冲厕，所以日本市场上卖的专门抽取泡澡水的水泵也很受家庭主妇的欢迎。

　　日本人并不把节约看成是多么令人难堪的事儿，相反，他们很自然地把这种理念贯穿于生活的各个细节。书店里那些节约秘籍之类的书一直都很畅销，政府部门也大力宣传。精明的日本人经过计算发现，全家共用一缸水泡澡，一年之内大概能削减六十九公斤的二氧化碳，节省七千一百日元；而把泡澡水用于洗衣服、浇花、冲厕，一年之内大概能削减七公斤的二氧化碳，节省四千二百日元。所以家庭主妇拼命地开动脑筋，想把自家所消耗的二氧化碳量降低到平均值以下。那些主妇中精通"吝啬"之道的"达人"经常应邀参加电视节目。日本神户一个名为小叶田的女士因三十年没有换过泡澡水而闻名，被媒体赞为"省钱专家"。她在泡澡水里放了一种叫"真菰（マコモ）"的东西，说是可以分解水中的细菌。这三十年里，只有1995年发生的神户大地震把浴缸的水震出了一半。新房盖好之后，小叶田女士把剩下的一半水特地运到新家，再添一半水继续使用，以至于电视编导将她封为"日本第一小气女人"。小叶田女士还总结了一套洗澡心得，将其贴在浴室，家人必须阅读之后才能入浴。当这期节目的调查员下定决心在她家入浴的时候，却被小叶田女士断然拒绝了。理由是：外人入浴的话，有可能带入别种细菌污染泡澡水！幸运的是，被拒绝的调查员被允许拍摄七十三岁的小叶田女士入浴的"性感"镜头，将其作为"土产"带了回去。

小叶田女士认为，是日本处于经济衰退期的现状成就了自己的名声。她对日本经济成长的停滞抱有严重的危机感，日常生活中尽量不更换任何还能够使用的器具，用米糠、咖啡渣或淘米水洗涤碗筷，穿二手衣、使用二手货，在家中招待朋友，不使用空调，等等。日本的家庭主妇也纷纷效仿这种节俭方式，但是对于那些期待通过刺激消费带动经济增长的经济学家和商家来说却是"噩梦"。

说到入浴的性感，我们有时会联想到日本洗澡文化的"色情"，比如合家泡澡，比如男女共浴。其实那些并不像我们想象得那么不堪。在日本人看来，合家泡澡似乎是很普通的事，他们将浴室看成是沟通感情的最好场所。只要带着平和的眼光看待彼此，把性和肉体分别看待就坦然了。我以为它与日本人注重集团内部的亲睦这种传统有关。当日本人得知中国的孩子从来不跟父母共浴时，他们反而觉得中国家庭成员之间彼此不亲睦。这就是文化差异，非关伦理道德。

2014 年 10 月 1 日

# 从"九州男儿"到"佛系男儿"

2007年年末，还在东京大学留学的我决定趁着放寒假的机会去九州旅行，幻想着能遇见名闻遐迩的"九州男儿"。

"九州男儿"何许人也？简单地说，就是"男人中的男人"，雄性气质高昂：就像高仓健在《追捕》中饰演的杜丘那样，强悍不屈、侠肝义胆、忍辱负重；或者如高仓健在《幸福的黄手帕》里饰演的勇作一样，坚忍克制、吃苦耐劳、保护女性。当看到轻佻的花田钦也欺负小川朱美时，勇作痛斥花田道："你这副熊相也算是'九州男儿'吗?!""看你今天做了什么好事！叽里呱啦地在她面前说个不停，还像一条狗似的硬抱住她，这难道是我们'九州男儿'所做的事吗?!"高仓健在中国登场，是在十年浩劫后人们的情感表达异常僵硬的年月。一时间在中国掀起"寻找高仓健""寻找男子汉"的热潮。

历史上九州地区的福冈男儿以好酒量、魁梧、天真纯朴闻名日本。作家岩下俊作在他的小说《无法松的一生》中把"九州男儿"的粗鲁正派、豪侠正义的形象诠释得淋漓尽致，作品也因而多次被改编成电影、电视剧和话剧。说是有一次，曾任日本首相的佐藤荣作遇到喜欢男扮女装的歌手泽田研二，看到他留着长发、穿着粉红色上衣的打扮，忍不住"忠告"他："既然你是男子汉，不妨多向粗线条作风的三船敏郎学习，像《无法松的一生》电影中的一样，勇敢敲着大鼓，不要老学'娘娘腔'的玩意儿。"在九州的熊本县，有一句方言"肥後もっこす"是用来描述熊本县县民，特别是男性的性格特征的，其内涵包括"富有正义感、坚定不妥协、有反叛精神、有强大的组织能力、顽固"等。据说高知县的男儿也很顽固，但是熊本县的男儿与权威主义、事大主义、保守主义又不同，他们很注重武士道的精神。东海大学的创始人松前重义就积极提倡"肥後もっこす"这种精神。就是现在，在该大学的必修科目"现代文明论"中也写有"肥後もっこす"的相关内容。当然，德富苏峰和德富芦花这两个极端的典型也是不应该被遗忘的。而如福泽谕吉、大隈重信、西乡隆盛等"九州男儿"更是以功绩彪炳史册，他们推动了日本近代史的进程。西乡隆盛是质朴刚健的鹿儿岛一带"萨摩隼人"的代表，他与萨摩藩的亲友大久保利通和长州藩的木户孝允一起并称"维新三杰"，最受日本人喜爱。他的故事太多了，我这篇小文盛不下。

据说在大分县和宫崎县，上述的"九州男儿"是很少见的。听说宫崎县的男儿竟然被叫作"用芋头的茎做成的木刀"，表现其"空虚懦弱"和"华而不实"。不过，由于这两个县也隶属九州，他们凭借这个独特的地理位置被冠以"九州男儿"的称呼，足够"偷着"高兴的了。

就在"九州男儿"麻生太郎就任首相的 2008 年，东国原英夫也获得了宫崎县知事的连任，一时间在日本社会掀起了"是'九州男儿'背负起了日本"的呼声。演艺界的村上龙、松尾铃木，学界的姜尚中，经济界的孙正义等"九州男儿"也都以其鲜明的风格活跃着。

然而遗憾的是，我的九州之旅中鲜有"九州男儿"闯入视线。所见的男儿要么如弱柳般羸弱无神，要么臃肿邋遢，没有了高仓健的冷峻和江口洋介的帅气，也不见"七武士"的侠气仗义。

波诡云谲的战争年代过去了，日本经济飞速发展的时代也宣告终结，战争狂人和经济动物也随着时间的流逝日趋减少。相反，越来越多的是安于现状、人畜无害的青年男子。想让这些男孩花费金钱和时间去与女孩儿约会变得越来越困难。他们终结了那种必须由男方主动告白、男方主动付钱、男方主动求婚的上一辈的交往方式，在男女交往的任何环节上都喜欢"AA 制"。与此同时，这些男孩子无法理解为什么有尾随女性的色狼——他们与贪婪地追求异性的上一辈不同，对主动投怀送抱的女生也彬彬有礼，跟喜欢的女生同居一室也能相安无事。日本女作家深泽真纪以为这样的男性属于新型男子汉的存在方式，捕捉到新时代男性特征的她于 2006 年创造了一个新词："草食男"。

她使用这个词并非带有贬义，毋宁说，是有为这个群体辩护的意味的。在发现了他们对异性失去兴趣、恋爱力下降的同时，深泽洞悉到这个群体内心温和又有趣，自有一套与世界和平相处的价值观，她应该是心怀认同地想把这些都介绍给大家的。

如果说 2006 年前后只是敏感的作家发现了"草食男"这样少量的"生物物种"的话，那么到了 2009 年，"草食男""草食系男子"则成了流行语，并在当年日本的流行新语、流行语大奖赛中一举夺魁。有一位历经各种恋爱挫折的女性，最终选择与一位"草食男"结婚生子，她为了感谢这位"草食男"带给她的美好生活，特地撰写了一本名为《与"草食男"恋爱的话》的书，向想跟不会恋爱的"草食男"谈婚论嫁的女子传授恋爱指南，极力渲染"草食男"才是最好的伴侣。

然而面对日益增多的"草食男"，日本的知识精英却很慌张。为了促使"草食男"恋爱，他们纷纷撰写《"草食系男子"的恋爱学》《与"草食系男子"交往说明书》等，告诉那些想跟"草食男"恋爱的女生，"草食男"在想些什么、会为哪些事情苦恼，为她们同"草食系"男子的恋爱成功贡献秘籍。

可是，"草食男"真的像那些为他们焦虑的先辈们那样渴望恋爱成功吗？不，他们甚至连恋爱都不渴望，怎么会渴望恋爱成功?! 在那之后的这些年里，日本年轻男子在不断地加快"草食化"的速度。到了 2013 年，日语中又添描绘男孩子的新词"盐颜"。据说，"盐颜系"的男生生得五官清癯、皮肤白皙，穿的衣服颜色偏淡，让人感觉是分分钟就能写出一首诗的小帅哥。"盐颜系"男生"进化"后，出现了越来越多的类似女生举止的男生，于是他们被冠以"女子系"。他们的特点呢，是喜欢用化妆品和美颜软件，穿着利索清爽，总喜欢眨巴着无辜的大眼睛，喜欢自拍。他们中的一些人表示，最想要的是一个功能齐全的压力锅，还主动表现出婚后承揽家务的愿望。2014 年，一个叫原田曜平的人写了一本《女子力男子》的书。作者采访的具有"女子系"特征的男孩儿认为，他们的出现是社会的进化而非退化，社会没有必要千篇一律地持"应该像个男子汉"那样的单一价值观，只要是做自己喜欢的就可以。作者以为，"女子系"的男子或许象征了从单一的性别观和价值观中解放出来的多样化的存在。

"九州男儿"日益减少，"草食男"充斥亚文化的各个角落，接着内心女性化的"草食男"演化为外观女性化的"女子系"男子，再进一步演化到凡事无欲无求，喜欢一个人待着，不去恋爱。于是 2014 年的日本又添"新物种"和新词"佛系男儿"。这个词出现之后，很多人认为它绝对不会昙花一现，因为日本开始进入低欲望社会，"佛系男儿"必将伴随着这种社会形态长期存在。"长此以往，国将不国！"那些忧国忧民的志士气得干脆直呼那些"佛系青年"为"平成废物"！而有些杂志，如著名的女性杂志《non‐no》则在 2014 年的情人节推出专辑，教女子如何"撩汉"。文学界呢，如畅销书作家林真理子主动承担起使命，创作《野心的建议》，用自己没钱、没貌、没身材的切身经历鼓励"佛系男儿"，同时警告他们，"不思进取，是一种没有出路的不幸"。不过，不管怎么"撩"，似乎也"撩"不起摒弃物欲、性欲的"佛系男儿"。

　　2017 年年末，源自日本的"佛系男儿"以迅雷不及掩耳之势雄踞中国网络世界。"佛系男儿"向往的"都行，可以，没关系"的处世态度戳中了苦斗奋进的中华男儿的痛点，有些人开始立誓"向佛"，看淡一切，决定不再汲汲于名利、物质和情感，于是整个网络瞬间衍生出"佛系追星""佛系过节""佛系恋爱"等系列新词。接着自诩"佛系者"又迅速招致各种嘲讽、挖苦和批评。主流媒体开始召唤"佛系青年"回来做"圣斗士"，坚决抛弃"丧文化"。不少女生认为交了"佛系男儿"这样的男友，简直比碰到"油腻男人"还恐怖："佛系男友"既不拒绝也不主动，总是"都行，随你"，哪怕是接到分手信息，也只是淡淡地回个"哦"。"佛系男儿"懒得花心思去"反抗"，因为任何反抗都要花费精力成本。于是有哲人把"佛系男儿"放到古来的犬儒主义和斯多葛主义的脉络里阐释。犬儒主义和斯多葛主义都倡导清心寡欲、回归自然的生活方式，拒绝物质与权力的诱惑，以获得内心自由为宗旨。然而，犬儒主义和斯多葛主义在当今的语境中已经不具有反抗性和进步性。表面上"佛系青年"似乎与前两者在生活方式上有相似的追求，但是只关注自我的"佛系青年"更有可能因为其保守主义，而成为一台台高度服从的"机器"。也有人认为中国根本没有适合"佛系者"生存的土壤，因为中国人始终相信"吃得苦中苦、方为人上人"的逻辑，因而断定那些"佛系青年"必将"迷途知返"。

有趣的是，就在"佛系〇〇"在中国网络热传的2017年年末，英国的《牛津词典》公布了2017年年度的最热词汇 Youthquake——青年震荡，它源于英文中青年（Youth）和震荡（Quake）的合成。据说是因为在前一年的英国国会选举中，由于年轻人投票率激增，从而对保守党产生了重大影响。牛津词典总裁卡斯珀·格拉思沃尔对这次的热词评选所做的说明是：

> 我们基于证据和语言兴趣，选出"青年震荡"一词。对我而言最重要的是，在我们的语言反映出日渐加深的不安和疲惫感之际，这是一个少有的带着积极语调的政治词汇。

看来英国同样流行"丧文化"。"青年震荡"的现象只是偶发的、局部的，故而才值得关注和提倡。其实，何止在英国，"佛系青年"在德国变身为"也许一代"，到了西班牙就是"没没一代",在瑞典则成为"冰壶一代"。而"丧文化"弥漫的深层原因,大抵离不开经济的低迷、阶层的固化、信息的泛滥和人际关系这些因素。这是一种"时代病",各国青年都在以自己的方式对抗和缓解各种压力。中国的年轻人大抵在勉力做事,积极发声,或许不可能像英国那样来一场"青年震荡",但是如今的"80后"在各个领域傲视"70后",而"90后"已经开始虎视眈眈地向"80后"发起挑战,代际颠覆更为显眼。对前一世代的颠覆,必将伴随着压力和虚无。

作为一个步入中年的人,我完全没有自信说我具有战胜压力和虚无的力量,我甚至连这样的愿望都没有。如果加上一个光明的尾巴,我希望用恰巧在这个时候看到的鲁迅的话:"愿中国青年都摆脱冷气,只是向上走,不必听自暴自弃者流的话。能做事的做事,能发声的发声。有一分热,发一分光,就令萤火一般,也可以在黑暗里发一点光,不必等候炬火。"

2018 年 1 月 23 日

(原题为《从九州男儿到佛系男生——让人唏嘘的日本男性形象转变》,载《光明日报》2018 年 1 月 24 日)

# 带着"天敌"逛京都

　　"婆媳乃天敌也。"那么我的"天敌"就是我的婆婆了。记得第一次见面，在爬往四楼的台阶上时，我的双腿打战，想象着各种各样未来公婆"严厉、狰狞"的面容，就感觉那台阶又高又陡。等到了门口，不知是因为累，还是因为害怕，心脏怦怦跳得厉害，我喘息了好久才敢敲门进去。结果，一开门迎接自己的是两副笑脸，和善极了。再看他们说话，高兴间，言不足，于是舞之蹈之，像孩子一般。两个老人一唱一和，两个小时的工夫内，就把整个家族史"交代"了一遍。讲到20世纪60年代的艰难岁月，我也附和。当然那些知识完全来自我作为一个文史学者的日常阅读。大概是觉得我的话简直说到了他们的心坎里，未来的"天敌"不经意间问我："1960年，你多大了？"哈哈，我那时还没出生！他俩却完全忘记了，只觉得投缘，把我当成了他们的同龄人。

　　自那之后逾十年间，我与顽童般的"天敌"总是观念碰撞，偶有火花喷出却也随即熄灭，更不曾"硝烟弥漫"过。"天敌"这一代人带着对日本"天然"的仇恨长大、变老，说到日本就咬牙切齿。但是说起日本产品的质量，又忍不住"咬牙切齿"地赞叹，仇恨与歆羡并存着。有一天，我问公婆，哪天带你们去日本旅游，如何？公公说坚决不去"敌国"；"天敌"则动了心，说一辈子没出过国，想出去看看。最终商量的结果，是选择在枫叶尚存的12月初，去京都、大阪一带。

　　"天敌"是个高级的京剧票友，平日里各种小型演出很多，没有演出的时候，就在排练的路上，每天吊嗓子，平日说话，言不足，舞之蹈之，舞蹈之不足，则歌之。所以一入大阪关西机场，我就提醒她压低声音说话。无论是在电车上、旅游景点，还是在租住的民宿里，我一再暗示她，生怕她像在家里那样一嗓子喊起来招来警察，毕竟入住的注意事项里明确写有"下午六点之后请保持安静，否则会招来邻居投诉"。大约是第三天，玩了一天，她一进门，就压低声音唱起了《贵妃醉酒》，唱到一半说，"憋死了！憋死了！""幸亏你爸没来，否则他要是想吐痰可怎么办？""真是个无声的日本啊！哪里都静悄悄的，日本人不觉得憋得慌吗？"说到吐痰，我突然意识到有咽炎的"天敌"好几天没有咳嗽了，就问她，她也很吃惊地说："哎呀，真的！我竟然好几天都没咳嗽了！哎呀呀，日本的空气真好啊！"

　　第二天晚上，要去高台寺和圆德院看夜枫。我正在跟圆德院入口处的验票员咨询点什么的时候，看到和蔼的验票员无意间将眼神转向"天敌"的刹那，突然被吓得打了个激灵。我再看"天敌"，她盯着验票员，看得有点儿出神。我赶紧上前阻断她，告诉她那么近地盯着别人非常不礼貌。"天敌"立马意识到错误，跟我解释说："那个看门的看起来太像你妈妈了，慈眉善目的，我就忍不住多看了两眼。谁知道她被吓成这样！"在接下来的行程中，我提醒她注意观察：电车里眼神四顾滴溜溜到处张望的，基本上是中国人；日本人则低着头，专注地看一个地方。过了几天，她跟我说，真的就像你说的那样！

"天敌"有一只脚的脚跟处长了骨刺，她这次是咬着牙出来的。她说，随着年龄的增长，骨刺只会越来越厉害，腿脚只会越来越不灵便，所以每走一步，她都在想红军两万五千里长征，想着想着就觉得没那么疼了。我们逛了一个又一个寺院，几乎每进一个寺院，就要脱一次鞋。每次她抱怨脱鞋时，我就跟她讲日本人的清洁观念，让她摸室外的栏杆、地板。她感慨，很多中国人连屋子里都无法保持整洁，人家室外竟然能做到无论哪里都很干净，真是奇迹。但她后来实在不愿意进必须脱鞋的地方了，说脱了鞋之后，脚直接接触地板，走起路来更疼。

在京都玩了六天之后，我们"移师"大阪，最后一天决定去购物。但她说无论如何也不想跟我们出门了，就想一个人待在家里。反正民宿里也可以做饭，她还可以看手机。我们在购物的过程中，还发微信告诉她，如果在屋子里待得烦闷了，就出来到四周走走。她说没事儿。等到晚上 10 点多我们回来时，她迫不及待地说：

"我终于尝到了软禁的滋味！你说，想出门溜达，怕回来找不着路，还不会问路，想买东西不知道怎么付钱。简直太难受了！你说这跟监狱有什么区别？"

　　语言固然阻隔了深层交流，但并不妨碍情感的传递。赏玩东福寺的枫叶后，我们从东福寺出来，在一家只有五个座位的小饭馆吃午饭。主人与"天敌"看起来是一代人。"天敌"吃完，指指饭，向主人竖起大拇指，主人很开心，马上转身拿起一份点心和一瓶营养液送给"天敌"。在地铁的入口处，"天敌"那拖着地走路的脚踩到了一串钥匙，拾起来，看向我。我示意她交给地铁的管理员，她马上笑呵呵地交了过去。管理员连连鞠躬感谢，她也学着弯腰回礼。超市的收银员、景点的验票员、公交车的司机、民宿的主人，只要搭话就会鞠躬，她生怕失礼，就不停地鞠躬还礼。她原以为那些礼节是特定时刻、特定场合的日本人才会去做，有时还会在家里弯着腰说"哈伊哈伊"以讽刺日本人礼节的夸张，不曾想这竟然深入到日本日常的各个角落。"天敌"细细品味着他们的姿态、声音，说心都被柔化了。

　　12月中旬的季节，枫叶仍然开得风雅的，要属建仁寺，寺院前面的空地有几株枫树格外浓艳。我们徘徊得太久，进入寺院才发现左勾右连的建筑与空地之间有步移景异之效，每一个拐角都豁然展现新的风景模式，枫叶翠艳欲滴，枯山水则显得寂寥悠远，极度的盛与极度的萧瑟彼此映衬。除了浓烈对比的大开大合之景，透过漏窗慢慢晕染开来的景色也格外让人沉迷。"天敌"坐在地板上静静地看着这一切，眼神柔和极了。她说，日本之行，对她来说就像是一场梦，一切都跟平常接触的那么不同，感觉特别不真实，但是似乎一切都那么熨帖，暖心窝。我想，她说的那种感觉，平淡、有温情、远离粗鄙，大概类似于人类本能所需求的故乡的感受。坂口安吾说，人类最终的栖身之地是故乡。日本文化基因中的那份柔和，就是让我们滋生故乡感的东西吧？

2020年元旦，婆婆用微信发来一条语音："'撒油娜拉'是再见的意思吗？'哦哈伊哟高咋伊麻斯'是你好的意思吗？你能找到秋田狗吗？有的话帮我找一只。"不知她又在跟谁炫耀。

2020年1月1日

V

# 两种暧昧，都撼动世界

# 两种暧昧，都撼动世界

最近我忽然发现，1994 年站在诺贝尔文学奖领奖台上的大江健三郎"射向"川端康成的飞镖射偏了。川端是那种排斥意义的人，他的视线只要沿着寒山灯火停留在少女的脸庞，或者顺着镜子的边缘去捕捉流动着的黄昏景象，新的文学形式就有可能诞生。日本传统中风趣的美、空寂的幽玄、"绝言语"的枯淡朴素赋予了川端文学的土壤，而川端对美的感受也异常敏锐。在 1968 年的诺贝尔文学奖授奖大会上，他向世界深情地描绘了"美丽的日本与我"。相较之下，大江健三郎的想象力一点儿也不弱，只不过他更偏重伦理想象力，而且是核时代的伦理想象力。这种想象力让他深切地感受到日本这个社会有如"暧昧而深厚的墙壁"。战争时期日本破坏性的盲信践踏了国内和周边国家，战后还在暧昧的"高墙"内用暧昧的语言讲述着战争，而大江健三郎就是拥有这种历史的国家的一个国民，因而他不愿同川端一起喊出"美丽的日本"。领奖台上的大江套用川端的句式，针锋相对地讲述"暧昧的日本的我"。不是美丽，而是暧昧：它促使日本在亚洲扮演侵略者的角色，用强大的力量将国家与国民撕裂开来，使日本不仅在政治上，也在文化上处于孤立状态。于是"暧昧"，成为大江批判川端的关键词。大江认为，这种日本人集体无意识的暧昧简直就是日本保守主义的温床，后患无穷。生活在核时代的他始终致力于激活日本人对核的恐惧，批判日本用暧昧的语言掩盖历史真相。在福岛发生核泄漏事件之后，大江呼吁日本立即废除核电站，否则如此暧昧的日本不会有未来。

大江对日本的批判一点儿都没错。最近的著例，比如安倍晋三在轰动一时的战后七十周年讲话中，口口声声说要从历史的教训中学习面向未来的智慧，也历数了战争带给无辜黎民的伤害，并且认为中止战争是战后日本的出发点，但他就是不提1931年到1945年的战争是侵略战争，还辩解道：殖民主义盛行的20世纪之初，并非只有日本采取领土扩张的立场，日本只不过是在跟随潮流而已。安倍多次提及战争中"被严重伤害名誉与尊严的女性"，却不使用"慰安妇"这个词汇，更不提对"慰安妇"的赔偿问题。他还说，"我们有责任以谦虚的态度继承过去，将它交给未来"，却认为不能让跟战争无关的子孙后代担负起继续道歉的宿命。因此，日本著名的文学批评家岛村辉认为，安倍的此番讲话将日语中"暧昧的表达"发挥到了极致。更可恨的是，就在大家咂摸着安倍是在真心忏悔，还是继续在使日本成为战争之国的时候，他的阁僚们已经跑到靖国神社去参拜了，接着就

对中国的反法西斯胜利七十周年的阅兵式指手画脚，反对
南京大屠杀史档案"申遗"，甚至不顾民众的反对，强行
通过《安保法》，全然不见了反思战争的踪影。

　　然而我仍然要说，大江"射向"川端的飞镖射偏了。
大江抨击的是日本政治伦理的暧昧性，而川端执着追求
的则是日本美意识中的暧昧力。政治伦理的暧昧，引导
日本发动了危害世界的战争；审美意识的暧昧，在全球
掀起了日本时尚风潮。前者靠子弹，后者靠色彩、线条、
声音和味道。日本暧昧的审美意识所培养的审美情绪如
此优美丰富，惹得中国近代史上重要的思想家、理论家
戴季陶（1890—1949）毫不吝啬地赞扬"日本的审美程
度，在诸国民中，算是高尚而普遍"的。戴季陶充分肯
定"美"对于一个人和一个民族的重要性，他说："一个
人如果不好美、不懂得审美，这个人的一生，是最可怜
的一生。一个民族如果把美的精神丢掉，一切文化便只
有一步一步向后退，而生存的能力也只有逐渐消失。
'美'是生存意义当中最大、最高、最深的一个意义。"
（《日本论》）多义而游移的暧昧的美学取向，是日本融
合不同文化的力量所在。就色彩而言，与中国人偏好鲜
艳亮丽的原色相比，日本人偏爱沉静柔和的中间色。日
语中有"四十八茶百鼠"之说，其中所谓"鼠"，指的
是"灰色"，"四十八"和"百"并非实指，均形容茶色
和灰色之多。据说江户时期幕府为了禁止平民的奢侈华
美之风，颁布了奢侈禁止令，于是民间就在茶色、黑色

和灰色这几种素朴的色彩之间来回变化，创造出充满了细微变化的暧昧的色彩世界，给人以踏实、安心之感。就形态而言，日本人不喜欢完全均衡和左右对称，偏偏喜欢有破坏感、充满动感的状态。他们对规整性和正统性天生有一种想要去打破的冲动，更爱不圆满的残月、初绽的蓓蕾和散落的花瓣。与其说是活泼的生命跃动感动了他们，不如说是生之无常撩拨了他们的内心。这大概就是人们常说的"物哀"吧？我想，能够领悟物哀的心灵，定对生命的有限性有更强的感受力，那么肯定会对短暂的、不完全的、无常的和柔弱的物事格外怜惜，于是就有了美。难怪川端康成说："悲与美是相通的。"

暧昧体现在人际关系上则是，许多日本人不喜欢与人发生冲突，路上碰撞的双方会马上同时向对方道歉，不追究谁对谁错。他们特别害怕给别人添麻烦，不愿意随便把自己的苦恼向别人诉说，但是却努力地去理解对方的苦恼，体察对方的内心。这个过程很少能用语言清晰地表达，即便用语言交流也很暧昧，或许双方都在体验"以心传心"的美好感受吧。一些性急、缺乏耐性的中国人则受不了。即便朋友之间相处，非要对方把一切说得明明白白才算了事。

日本国民性中的暧昧，其内涵丰富而复杂，如果不加以区分地搅在一起，走到两个极端，那就是"仇日"和"媚日"，甚至还会形成这两者相互交织的情形。那些赴日旅游的国人在种种美好的日本物事面前甘愿"缴械投降"，内心却还在纠结不已。日本文化对国人有如此大的诱惑力，我以为那其中所表现出来的暧昧美学对国人有疗愈和抚慰的作用。在现代化路途上一路狂奔的国人，累得走不动了，才发现侘寂、沉稳而又充满细节之美的日本文化能够抚慰自己疲惫的灵魂。然而一种美好的生活方式的选择，其背后有强大而厚实的美学支撑着，有根植于内心的修养滋润着，不是靠"爆买"就能习得的。我们唯有一步一步地告别非黑即白的二元世界观，时时警惕低级趣味，才能一点一点地接近平和充实的境界。我想，这是川端康成所传达的暧昧美学给我们的启示。至于大江健三郎，他对日本政治伦理中暧昧性的批判，是站在时代和历史面前发出的呐喊。这两个充满张力的灵魂对日本历史与文化持久的思考与理解，共同构成日本民族的精神财富。泰戈尔（1861—1941）在 20 世纪之初访问日本时发表了演讲。他认为，所有民族都有义务将自己民族最上乘的东西展示在世人面前，那最上乘者，乃民族的财富——高洁的灵魂。从这个意义上说，川端和大江都在尽着"民族的义务"，自觉地承担起把本国文化精神的硕果向世界展示的责任。他们的选择昭示给我们的，就是无限制地接近日本暧昧的美学世界，毫不犹豫地抵制日本暧昧的政治伦理逻辑。

2015 年 10 月 12 日

（原载《光明日报》2015 年 10 月 17 日）

# 通往唐招提寺之路

2019 年岁末，一艘名为"新鉴真"号的巨轮停靠在上海码头，轮船上运载的唐招提寺文物被搬运到上海博物馆。那里将举办题为"沧海之虹：唐招提寺鉴真文物与东山魁夷隔扇画展"的展览。展品包含寺院珍藏的五组与鉴真生平相关的文物，以及日本著名画家东山魁夷为寺内供奉鉴真像的御影堂绘制的六十八面隔扇画，囊括了唐招提寺文物的精髓，同时因为布展格局几乎复制了唐招提寺的御影堂，可以说展览为国人指引了一条通往唐招提寺的便捷之路。

"新鉴真"号从奈良启程，到达上海，旅途四十八个小时——那是一条让一千三百年前的鉴真走了十二年的路。

一

8 世纪初，日本社会动荡不安，佛教界乱象丛生，圣武天皇对乱局束手无策，让赴唐的奈良学问僧荣睿和普照请深孚众望的大唐高僧普法。那时海路艰辛，往者百无一至。在无人应答的情况下，鉴真（688—763）有感于日本的长屋王（684—729）在袈裟上所绣的偈语"山川异域，风月同天，寄诸佛子，共结来缘"，感佩日本是佛法兴隆的有缘之国，意识到那里有可能是更好体现自己生命意义的地方，所以不惜性命，泛海渡日。于是，苦难也就接踵而至了。日本的真人元开所撰《唐大和上东征传》中描述，"被恶风飘浪击，舟破""才离险岸，还落石上。舟破，人并上岸。水米俱尽，饥渴三日"，都是常态，其间的人事阻隔也不曾间断。鉴真六次东渡，五次失败，却始终意志坚定，不曾退悔。历经十二年，他终于在753年踏上了日本的土地。

鉴真东渡时带有玉作人、画师，以及建筑、雕檀、刻镂、绣绘、修文、镌碑等工匠艺人，并且携带绣像、雕像、画像、金铜像、香料、经书，甚至还有王羲之真迹，等等。被携入日本的大唐璀璨的文化，对日本天平时代的建筑、雕塑、医药、书画、汉文学等各个领域都产生了极大影响。当然，鉴真的初心是"为传戒律，发愿过海"。他创立了日本律宗，弘扬了正统的佛法，规范了日本佛教界，设立了包括东大寺在内的三座戒坛，造古寺八十余处。其中，759年开始建造的位于奈良西南方向的唐招提寺，则是现存日本最早的仿唐人在五台山所建佛光寺的寺庙。"招提"的本义是"四方僧坊"，唐代寺院有官私之分，官造的庙宇称"寺"，私造者为"招提"或"兰若"。鉴真在日本造的寺院是专门传布律学的私寺，所以当时的孝谦天皇把它命名为"唐招提寺"，意为唐朝人造的私寺。天皇赐"唐招提寺"之匾额，悬于山门，并下诏：凡出家者，必先入此寺学律宗，而后方可自选宗派。天皇还授予他"传灯大师"的法位。一时间信徒云集，鉴真为日本各地有资历的僧众四千四百人受戒，开始了他主导日本佛教的辉煌十年。而就唐招提寺建筑本身来说，它也因布局精细、空间具有调和美而成为后来日本式建筑的基础。寺内的雕塑，如卢舍那佛坐像、千手观音、药师如来、梵天、帝释天、四天王等运用木雕、夹纻敷彩等手法，在日本美术史上也占有重要地位。幸运的是，一千三百余年以来，唐招提寺除了岁月造成的衰颓和人力不逮所造成的戒坛等处的失修外，不曾遭遇天灾，也免于兵燹，原貌基本得以保存。

再回到几经挫折、水陆往返几万里的征途中。随行的学问僧荣睿病逝于端州，鉴真最为得意的弟子祥彦圆寂于吉州，同行者死去三十六人；鉴真也从中途"眼光暗昧"至双目失明，可谓饱尝艰辛。一方是热切求道，另一方是矢志传道，东叩西应，杵动波流，热烈的信仰将两国人在精神上紧紧地联系到了一起。虽然鉴真没有著作和言论流传下来，但在他圆寂（763）后的 779 年，日本高僧著《唐大和上东征传》，吸引着后世的日本人不断走向唐招提寺，缅怀这位先贤。

# 二

1688 年，日本著名俳人松尾芭蕉（1644—1694）访问奈良游唐招提寺后，作俳句献给鉴真高僧：

新绿滴翠，何当拂拭尊师泪！

在此俳句前，芭蕉有如下文字说明：招提寺鉴真和尚前来日本之时，舟中克服七十余度艰险，海风入目，终至失明；瞻仰尊容，作此致敬。芭蕉瞻仰的，想来是寺内的鉴真雕像吧。说起来，那座雕像出自鉴真弟子之手，乃日本现存最古老的的人像雕刻。传说在 753 年春天，鉴真的弟子忍基梦见寺内讲堂的栋梁断裂，推测为师父死亡的预兆，于是与其他僧徒造鉴真像。该像坐高八十厘米，双目静闭，神情安详，却表现出坚忍的意志。雕像让俳人浮想联翩，深受感动，竟然想摘下青翠的新叶，为高僧拭去泪水！我们后人再遥想俳人欲为一生漂流的高僧拂拭泪水的场景，又不由得会生出古叩今应之情吧？1980 年，这座雕像由唐招提寺长老森本孝顺护送回鉴真的家乡扬州"探亲"，由此掀起"鉴真热"。扬州大明寺内建有梁思成设计的鉴真纪念堂，是 1963 年鉴真逝世一千二百年周年之际，由日本文化代表团和中国文化佛教界一起共同奠基的。纪念堂正中供奉着的鉴真雕像，则是以唐招提寺内鉴真干漆夹苎像为蓝本，用楠木雕刻而成。

唐招提寺藏有的《东征传绘卷》（全五卷，纸本，着色，卷子装，长二十余丈），是日本镰仓时代（1185—1333）镰仓极乐寺的住持忍性根据《唐大和上东征传》，请莲行等书画家共同绘制的，于 1298 年完成。这是有关鉴真高僧的唯一绘画。在镰仓时代的日本，我国宋元画风传入，很快被接受。其时日本盛行"绘卷物"，即文字、绘画分段相间，类似连环图画或者小说插图，而《东征传绘卷》就属于此类"绘卷物"。它从鉴真十四岁出家为开端，描绘了鉴真波澜起伏的一生，尤其是六次东渡的出生入死的经历。画卷色泽鲜艳，人物表情栩栩如生，故事生动，是日本绘画史上的杰作。由于其规模宏大，此次上海博物馆的展览只展出了其中的第一卷和第五卷，也是令人遗憾的。

1957 年，日本当代著名历史小说家井上靖（1907—1991）完成了历史小说《天平之甍》。在唐招提寺这个特定语境中，"甍"指的是唐招提寺金堂上的鸱尾，而"甍"的本义是屋脊的意思。"天平之甍"即日本天平时代的屋脊，意为鉴真所传授的中唐时期的辉煌文化成就了天平时代文化的高峰。作为 1979 年中日友好纪念活动的项目之一，著名翻译家楼适夷赶译了这部小说。据时任人民文学出版社编辑、翻译家文洁若回忆，该译著

"创造了二十五天内出书的奇迹"。井上靖一生来华三十余次，甚至远赴中国西部，他在中国找到了与他心灵相通的地方，敦煌和鉴真是他走近中国的媒介。

1963 年，日本前进座剧团正式上演话剧《鉴真东渡》，蓝本就是《天平之甍》。该剧改编的缘起是为了寻找中日友好合作的原点，最后追溯到了鉴真。剧中所述之"甍"是从中国的寺庙掉下来的，鉴真将其带到了日本，放在东大寺，后来决定把它挂到唐招提寺上，让那块象征着自由、和平与幸福的屋脊一角永远为世人所瞻仰。2003 年，该话剧在中国重新上演。在前进座第一次访华演出中担任话剧配角的岚圭史，在时隔四十年的《天平之甍》的重演中饰演鉴真。岚圭史说，当年鉴真抵达奈良时，说终于来到了奈良，实现了梦想；而自己想说的则是：鉴真回来了，我回来了，我的梦想实现了。

## 三

2019 年岁末上海博物馆的这次展览所包含的"唐招提寺鉴真文物"与"东山魁夷隔扇画"两个主题，表面一看，让人不明所以。然而事实上，如果没有唐招提寺和它的灵魂鉴真，就没有当代画家东山魁夷的那一系列隔扇画。也可以说，是前者成就了后者，而后者也深化了前者。

　　隔扇画，是日本宅居内独有的装饰，人们一般称它为"障壁画"，或绘于墙壁，或绘于屏风，或绘于隔扇。日本最早的障壁画，现存于奈良法隆寺，内容是佛说法，采用工笔重彩画法，线条流畅优雅，人物体态丰腴，与敦煌壁画有相似之处。日本的屏风画在其短暂的白凤时代（650—654）由中国传入，与同一时代传入的其他佛教文化，共同构成了日本历史上佛教兴盛的白凤文化。早期的屏风画精品多收在正仓院中，在那里可以看到彩绘贴羽、夹缬、蜡缬等。制作者不详，疑为唐代工匠或其后裔，所以那些障壁画在日本画史上被称为"唐绘"。到了日本民族建筑真正形成的藤原时代（894—1192），日本本民族的室内装饰壁画——障壁画产生了。它通常画在隔扇上，而隔扇能够推拉移动，起着分隔作用。障壁画兴起后，屏风画也受其影响，风格进一步本土化，二者结合后被称作"障屏画"。

　　唐招提寺选中了日本顶级画家东山魁夷（1908—1999）来制作其障壁画，一点儿也不奇怪。执着于探寻日本是什么的东山魁夷走遍东西世界，与其说他感到从奈良那里仿佛能窥见民族精神结构的深渊，那里回荡着远古的安魂曲，倒不如说他是被召唤的。那是在1971年唐招提寺的开山祭祀中，在拜谒鉴真和尚的尊容之后，他感到接受作画任务并非为了自己，也不仅是受人所托，而是被一种纯粹所感动而难以抗拒。他在《通往唐招提寺之路》中描绘说：

　　和尚安然端坐，娴静地闭合着双眼，两手相交放在膝头。经过一千二百余年的岁月，和尚风貌依然，甚至让我感受到了些微的呼吸。

　　一种战栗般的冲击贯穿了全身，不过，随即便引导着进入冥思，使我怀有一种深切的景仰之情。

　　那种纯粹在三百年前曾感动过松尾芭蕉。就东山魁夷的艺术魅力而言，用他的挚友川端康成的话来说，从中"读取了一种静谧而遒劲的生之感动"。那是渗入人的灵魂深处并使之觉醒的东西。1972 年，为了走近唐招提寺，东山魁夷开始认真研究鉴真和尚，阅读其传记，然后从唐招提寺开始，遍历奈良大和路上的名寺古刹，寻访四季风物。翌年，他又前往日本各地，作山峦大海的写生之旅。经过反复与鉴真、与唐招提寺、与日本风物对话，他最终确定以"山"与"海"为主题。在他看来，鉴真和尚来日本固然是为了传法，但他一定听闻日本风光是美丽的而想饱览一番。"山"与"海"则是日本风景的两大要素，而"山"可喻鉴真之德，"海"可喻鉴真之魂。即便鉴真抵达日本时已经失明，东山相信他一定能够感触到日本柔和而温暖的空气，从内心深处感受日本独特的美。所以，他认为这一系列隔扇画是在鉴真精神的指引下完成的，是为了献给鉴真的灵魂，从而也让自己一步一步地走近唐招提寺。

作于 1975 年的隔扇画《山云》，是其中最为引人瞩目者。东山魁夷想在中国因素与日本因素的对立与融合之间找到自己的表达手法。中国水墨画中的云烟通常借用画纸的本色白底，他则借用日本的矿物质颜料，以群青代替水墨，来描绘山林的重叠状态，以白胡粉为基础表现灰色云块，同时尽量去除晕化效果，努力表现浓淡有致的柔和感。他想通过日本式的手法去呈现那种色调素雅和幽玄的意趣，以表现鉴真初次踏上日本列岛时所感受到的神秘陌生。

我在想，是否因为鉴真双目失明，因而对自然的感触更为强烈呢？东山魁夷在拜阅唐招提寺所藏的那五卷《东征传绘卷》时，感受最深的就是鉴真第二次东渡时遭遇风暴触礁的场景：狂怒的风浪、下沉的舟楫、被浪涛抛甩到海面的人影……于是，波浪的呼号孕育了东山魁夷的《涛声》，让他像鉴真那样闭上眼睛，仔细聆听声音。然后，他让画面呈现此起彼伏的层层海浪不停地撞击礁石，色调近乎单一。虽然《涛声》层次不如《山云》丰富，却能让人感受到其中澎湃的激情和旺盛的生命力。画风上，多彩与淡泊兼容，华丽与幽玄并蓄，细腻而又深邃美妙。东山魁夷这个日本美的热烈寻求者，热切讴歌日本历史上汲汲于外来文明的努力。他认为日本美的特质在于大胆汲取外来的异质文化，然后与固有的风土精神相结合。他说，唯因异质文化的刺激，紧张才得以产生，惰性才得以被击破，飞跃才得以实现。在完成《山云》《涛声》之后，他感觉自己从自我的欲望中解放了出来，甚至觉得他笔下的《山云》不是通过它们自身的意志流动的，而是由生命根源导引、依循宇宙之根本规则而流动着。而他自己也在与风景的对话中，感受着大自然的气息和脉搏。

在完成上述隔扇画之后，东山魁夷来到中国，又留下了扬州、黄山和桂林等地的风景画。布展者称其以水墨画的形式再现了瘦西湖两岸的烟雨蒙蒙。然而无疑，东山魁夷的水墨画绝不是中国的水墨画，它们是与中国水墨画的对话，也是对后者的挑战。

不仅如此，东山魁夷在完成所有画作之后，还将整个探索过程写成了一本书，名为《通往唐招提寺之路》，记录了他阅读鉴真和尚、研究唐招提寺之后寻访奈良和日本山水及至后来创作的整个过程，为我们了解这位画家、随笔家走近唐招提寺提供了最原始的依据。这部被日本人广为阅读的随笔集至今已经有林少华和许金龙两位翻译家翻译的中译本。这两位深谙日本文化的翻译家似乎是在通过东山魁夷、借助优美的翻译召唤我们走近唐招提寺。而我，亦不惜被批评偷懒，以东山魁夷的著作之名来命名自己的这篇小作，也算是在精神上向唐招提寺靠近的努力吧。

# 四

谁也无法想到，2020 年春节前后，全中国会被一场突如其来的新型冠状病毒肺炎疫情打乱了阵脚！唯有最大限度地阻断交通、实行隔离，才能最有效地阻断病毒的扩散。于是，全国的公园、博物馆等公共场所纷纷关闭。在这种情况下，上海博物馆自然也不能例外。我通过上海博物馆提供的云展览，仔细品味着孝谦天皇题写的"唐招提寺"的匾额。略懂书法的朋友能轻易发现，那四个字的笔法完全脱胎于王羲之所书《集王圣教序碑》。据说鉴真当时携带了王羲之、王献之真迹以及其他书法真迹五十余幅，而日本的书风也深受王羲之的濡染。这块匾额如此古老，以至于装卸时无论如何小心都会有木渣脱落，而工作人员会小心翼翼地捡起来，打包——这种细致、精致又何尝不是日本精神的体现呢？疫情阻隔了我们通往唐招提寺的便捷之路，然而就在疫情蔓延和与其抗争的过程中，日本从官方到民间不断提供各种抗疫支援，日本的汉语水平考试（HSK）事务局在发往支援湖北的救助物资上，写下了"山川异域，风月同天"的一行小字，而展品中《东征传绘卷》第一卷第五段的叙文中恰好就包含了这个偈子！这让我们再次感受到来自日本长屋王那远古的呼唤，让我们再次回望历史，缅怀鉴真，完成了一次对唐招提寺的回望或者是想望。

中日两国的人民常常把唐招提寺视为中日友好的象征。然而在我看来，要想在精神上走进唐招提寺并非易事，东山魁夷花了好多年才一点点地靠近。那些走马观花的中国旅行者即便留下游记，也未必有多么深刻的理解，因为吸引他们的往往是因为鉴真这个人与中国有关，与"我"有关。无论是鉴真，还是东山魁夷，无疑是超越了"我"的。所以，唐招提寺是超越了国界的天下求道者的精神象征，是《华严经》中所谓"心佛众生，三无差别"，是千灯互照，是西叩东应，是相求以道，是自他不隔。

2020 年 2 月 4 日

（原载《光明日报》2020 年 2 月 13 日）

# 在日本，越界的尴尬与冲动

对于短暂留日、频繁访日游历、又以中日比较研究为志业的我来说，日本就像内虚外无却又浩浩荡荡的混元之气，将我笼罩。我一旦尝试着去捕捉它，它就如一股烟倏然消散于无形。所以要谈论日本，从肌肤之痛讲起，即便如盲人摸象那样，也能碰触到实在的一角吧。

一

那是两年前我和先生去伊豆旅行时发生的事儿。痛快地玩了四天之后，我们在临走的当天上午一直在旅馆里磨蹭。我的原本想法是，在十一点退房前有充足的时间放松和收拾行李，完全不必着急。结果十点刚过，清洁工就粗暴地敲了敲门，直接闯了进来。我先生还在洗澡！我赶紧把卫生间的门关紧，问她发生了什么。她很生气地嚷嚷说，你们已经过了退房时间，必须马上离开！我这才突然意识到自己把退房时间搞错了，于是马上打电话跟前台联系，先道歉，并且希望能再给十五分钟的时间办理退房手续。虽然前台勉强答应，清洁工还是一个劲儿地往里冲，到处翻东西，行为莽撞，一反前几日的蔼然有礼、周到热情。那次仓促离开之后，很久我才平复内心的惊慌。错误固然首先在我，但是面对规则内外的他者，日本人的表现如此极端和戏剧化，是我至今在感情上难以消化的地方。

　　还有一次，那是很多年前的八月末，国内的六位完全不会日语的朋友约我给他们当导游，去京都旅行。一位深谙日本文化的老师告诉我：如果想在你的朋友面前表现出你特别懂京都、懂日本，可以去鸭川先斗町的纳凉床，边纳凉，边喝酒，边赏景，边发呆，虽然贵一点儿，但很值得，说明你走入了京都人的日常，而不是走马观花的匆匆过客。我一听也觉得好奇，于是委托京都的朋友预约。朋友问，预约的价格有八千至一万五千日元不等，要哪一种。我选了个中间价。但是能够预约到的时间是晚上 8 点到 10 点。我以为那个时间段消费的一万日元是少量精致的酒菜、点心，可供大家酒足饭饱之后纳凉聊天用，所以跟朋友约好，晚饭时间先去下馆子饱餐一顿，每人消费五千日元，再去纳凉床。到了之后才惊奇地发现，原来是每个人消费一万日元！我首先问京都朋友，是不是搞错了，每人一万日元？她说，要想体会先斗町的纳凉床，当然是一人一万日元，没错！然后我就想是否可以取消订单，走人。京都朋友说那要交罚金。结果老板拿出计算器，又打出清单：如果取消，要付八万四千三百日元；如果按原计划进行，是八万两千日元！态度极为冷漠，甚至阴森森的装束都有点儿"黑社会"的感觉。无奈，我们几个抱着已经吃得滚圆的肚皮坐到纳凉席上。店员转而露出亲切的微笑，生鱼片、汆锅、牛排、寿喜烧、天妇罗、饮料、甜点……一道一道地上，而我们，有时连品尝的兴趣都没了。刚上，看一眼，就让店员撤掉，只为了腾出空间，看下一道菜长得啥模样。那一个晚上，我们人均消费一万六千日元，相当于我留学时半个月的伙食费。那晚不合时宜的嗖嗖凉风吹得我们身心"拔凉"。鸭川古朴、清幽、风情万种，但风情是京都人的，与我们无关。

日本的规则之狠，还有出入规则内外日本人的表情变化之迅速，像伤疤和谜一样烙在我的心里。但随即我也能理解：如此有特色的地方，食材都需要提前准备，并且要体现出料理人对应季美味的严苛追求。一旦取消，浪费了那些食材将是一笔不小的损失，而且鸭川边上的每个纳凉席都受店铺面积限制，每个餐位都很难得。爽约者轻则罚款，重则属于"业务妨碍罪"。只要涉及规则、制度，日本人那非人情、不通融的特质马上齐刷刷地显露了出来，那种同一性、相互协调性，就像是个规模庞大的交响乐团——每个人都严格地按照曲谱演奏着属于自己的那一部分，每个部分的完美无瑕成就了整个乐章的完美。日本人如此注重规则、秩序、制度，以至于有西方人以"无壳蛋"来形容日本人，说他们没有硬质边界，不把自己视为独立的个体，倾向于用与家庭、村落、所属部门的关系或者上下级关系来界定自身。

## 二

　　说到日本人的社群意识，我们不要只简单地联想到从明治维新到"二战"期间日本人仰视天皇权威的集团意识。历经战后民主化的进程，伴随着市民社会的不断成熟，为了排除一切破坏规则制度的可能，他们照样敢对权力说"不"。他们深知，放纵了权力，每个人的合法权益便得不到保障。权力会不断地侵蚀私人领域，甚至会威胁到枕边，让人人自危，所以一定要对越界的权力进行反击！官员因为贪污几百、几千日元公款而葬送仕途的并不鲜见，而权力机构的成员也会自觉地约束自己。比如20世纪80年代，有一个警察因为久久破不了一桩危害性极大的绑架事件（后人称"格力高·森永事件"）而自杀；距离我们近的，则有武汉暴发新型冠状病毒肺炎疫情时，因组织撤侨过程不力导致多名日侨感染，负责撤侨的官员自杀谢罪的例子。历史上那些有名的没名的武士，因为没能尽到义务剖腹自杀的故事，我们也都听说过。

　　与严苛的法律制度相比，风俗习惯、社群意识对日本人更有约束力，能够让他们无碍地排除人情的干扰，建构一个非人情的社会，彼此和谐共处、相安无事。一旦进入社会规范之内，日本式的微笑则恢复如常。虽然有外国人经常指责日本人笑容"假"，是经过培训的，但我以为，不管经过多少道培训工序，不管真假，那笑容大多是舒展自然的，它总比一张冷脸、一张充满戾气的脸让人舒服。记得我先生第一次去日本期间，他独自去找美术馆，当拿着导航在路中间不知如何是好时，一个日本女生微笑着走上前主动询问，并且一直把他送到美术馆门口。他后来多次描述那个场面，我提醒他，日本人指路和带路是常态，他不信，偏得意地以为那个女生喜欢他。后来他才发现，在名古屋如此，在京都如此，在东京也如此。一百年前，到日本旅行的法国画家雷加梅就说日本式微笑是"所有礼仪的基础"，它关乎他者，关乎社群意识，但不一定关乎情感。他们似乎在决定选择非人情的方式安身立命之后，就放弃了随便将内心挂在脸上。他们的内心真正藏着什么，我们无法得知。日本人有把公共生活与私生活分得泾渭分明的强烈意志和本事。一些日本女性在公共生活中，她们戴着面具，穿着高跟鞋，优雅地"舞"着，把最清雅、最撩人的一面展示出来。等回到私人场域，她们脱下高跟鞋，抱着疼得站不起来的起了泡的脚暗自流泪抚摸。这种特征如此鲜明，以至于在汗牛充栋的日本人论中，以《面具下的日本》为书名的巨著，就有蓝眼睛的伊恩·布鲁玛和黄皮肤的在日韩人金两基的作品。对于史上最难解、最不可信任的日本人的笑容，金两基说，那笑"既不是极力抑制的笑，也不是掩饰轻蔑人的笑。他们只是一味地露出毫无理由的笑容，这笑容简直同能乐假面具的微笑一致"。于是他也配合日本人毫无理由地笑，这样彼此之间就能"以心传心"了。至于对方是否真正地领会自己的心境并不要紧，只要自己认为对方了解了，达到"暗中了解"就够了。

## 三

强烈的社群意识和对排斥超越性价值的尊崇，必然滋生个人过度的克己心和自我压抑。内心压抑久了，终将爆发。在僵化的压制性社会体系中，反抗的方式表现为暴力、性与死亡，以及将暴力和性升华为艺术的努力。它体现在代际转换之时，比如明治初期和"二战"结束后的日本，均有暴力、色情泛滥的现象。"二战"后有人指责日本黑市交易和女性卖淫的种种乱象，无赖派作家坂口安吾则呐喊："人类要堕落，义士和圣女都要堕落，不可阻挡！……因为是人，所以堕落；因为活着，所以堕落"，呼吁社会允许人性回归自然。它还体现在同时代的艺术对社会规范、权力的反抗，比如日本丰茂的亚文化中随处可见的猥琐、暴力、荒唐和病态。"AV"产业甚至被当作日本的"软实力"向外推广。日本艺术中的美，也不一定非要站在道德的一方，就像谷崎润一郎笔下的那些"病态"人物：被文了身反而在痛苦中获得了超级快感并且享受其中的那个姑娘（《刺青》）、要吃富美子用脚夹着棉花蘸着肉汁喂自己的封翁（《富美子的脚》）、顾及春琴不愿让他看到自己被毁的容貌而用针刺瞎了自己双眼的佐助（《春琴抄》）……谷崎创造的，真真一个恶魔世界！但我们也不应忘记，在这个恶魔世界的顶部，冲击和压迫着谷崎的，是 1911 年的"大逆事件"，是 1923 年的关东大地震，是近代日本发动的一场又一场战争。艺术世界空想的暴力和去道德化，卸掉了像谷崎那样的日本人的社会压抑，让他们近乎变态地宣泄着情绪和情感。那个世界是病态的、扭曲的，但又是美好的、健康的、崇高的，它丰富了日本人的视觉和知觉，让人从恐惧中摆脱出来（虽然也许是暂时的），让悲伤、愤怒得以宣泄，并且从那里发现真理。

2020 年 2 月 20 日

（原载《新京报·书评周刊》2020 年 11 月 7 日）

# 那些日本作家被猫重新定义着

　　猫是人类最早驯化的动物之一，然而它也从来没有太过迁就和顺从人类。猫大概认定，自己一旦臣服于人类，人类必将变得傲慢无礼，所以在与人交往时，它偏要与人争个平起平坐。而人呢，也因为无法完全俘获猫而愈发地想要占有它、爱它，既爱猫自由的个性，也爱它"自私自利"、遗世独立的品性。于是，猫身上那冷酷又自信、危险又神秘的野性之处，让众生颠倒，让艺术萌动。就文学创作而言，似乎日本作家写猫写得最多、最深情、最深刻，也最"变态"。因为猫，他们以及由他们创造的日本文学都被重新定义了。以夏目漱石为例，是漱石成就了那只猫，还是那只猫成就了漱石的文学之路？谁能说得清呢？

## 男女间的情爱，隔着一只猫

　　作为日本 11 世纪初产生的一部古典文学名著，《源氏物语》是世界上第一部长篇小说。在其中某个不起眼的章节处，一只猫推动了妙趣横生的偷情情节。大将军的儿子柏木钟情于皇上的三公主，而她却被嫁给了光源氏。有一天，柏木在光源氏的寓所与光源氏的儿子等人玩蹴鞠游戏，一只小猫颈上的细绳不慎勾连并掀起门帘，闷在房间的三公主由于受光源氏冷落，正对窗垂泪。柏木透过门帘瞥见幽暗里的她"头发光艳可鉴，冉冉下垂，直达衣裾"。仅此一瞥，柏木便陷入相思，竟疯狂一般设法偷猫："那只小猫总得让我捉了去。虽然不能和它谈心，也可慰我孤眠之苦。"他把小猫抱在怀里，但觉猫身上有公主浓烈的衣香，猫声娇羞稚嫩，让他立时把它当成了三公主的化身："欲慰相思苦/见猫如见人/缘何向我叫/岂是我知音？"后来由这场小猫牵帘引发的偷情成功：三公主不久生下了她与柏木的孩子。紫式部如是感慨："真是个色情儿啊！"

后来的日本文学作品中，猫往往跟感官的暧昧、狂喜乃至意乱神迷联结在一起，艺伎也俗称为"猫"，那或许源自《源氏物语》的暗示，或许是猫性使然。而将中间隔着一只猫的男女间的情爱加以淋漓尽致地发挥的，是谷崎润一郎（1886—1965）。谷崎是在波德莱尔的影响下喜欢上猫的。他的一生曾经养过十多只猫。谷崎所喜欢的仅限于西方品种的猫，尤爱波斯猫。住在伊豆时，他对一只名叫"佩尔"的波斯猫宠爱有加。传说佩尔后来被谷崎杀死了，他将它制成标本守护在身旁。这就是谷崎的"恶魔美学"。谷崎非常羡慕猫的尾巴，他幻想着，要是人也能够长出那种方便的玩意儿该多好！不用说话，只需摇摇尾巴尖儿，就可以敷衍不合心意的话，还躲避了因沉默而不近人情的责难。谷崎在《多丽丝》这部小说里塑造了一个深爱着一只波斯猫的男人如何伺候猫的故事，那个男人的原型分明就是他自己。谷崎在小说《痴人之爱》中描写了一个男人对美女娜奥米的受虐式的爱情，像极了饲主伺候猫的姿态。还不止如此，比起那些皱皱巴巴、千疮百孔的男女之爱，谷崎把人猫之间的爱写得酥麻柔软，甚至不惜背世弃俗。比如小说《猫与庄造与两个女人》中，庄造的爱猫莉莉被前妻品子带走了，庄造因为思念莉莉过甚，偷偷地溜到前妻家去看猫，竟然生出为了拥有猫而与前妻复合的念头。前妻本不爱猫，但以莉莉为筹码，能够挟猫以令前夫与前婆婆，开展了一场拉锯战。两个女人对庄造的爱，都无法对抗他对猫不顾一切的爱。而现实生活中的谷崎像极了庄造：妻子千代子爱上名作家佐藤春夫之后，带着猫离开了谷崎。三个当事人还发表了一个共同声明。不过后来谷崎反悔了，要与千代子复合。此事因谷崎居住于小田原而被称为"小田原事件"，好事者拿它来证明作家的道德败坏。

再反观庄造的爱猫，它已经进入颓龄，所剩时日无多。故事的高潮发生在气息萧索的深秋，所有人在精密的算计之后，又以各自的方式迎接"一场空"的结局。这时你才发觉，谷崎哪里是在写爱情，他在写爱与生命的消逝啊。

# 那猫：文明的、人性的、哲学的

在日本文学史上，猫与文学变得不可分割，似乎始于夏目漱石。漱石家里那只活色生香的猫，据他在《猫之墓》里的描述，他和家人对它并不过分宠溺，甚至在它生病时有些漠然，然而死后的伤感和对它的怀念又绵延不绝。漱石向亲友发出讣告，并为它写下墓志铭，曰"九泉之下再无闪电雷鸣"，将它葬在书斋后面的樱花树下。通过这只猫眼，生活在新旧时代交替的日本知识分子面对西方新思潮，既试图顺应，又无所适从，他们的艰苦求索、挣扎与饱受的折磨都得到了生动的体现。那之后，猫就更加频繁地登上了日本的舞台。

芥川龙之介（1892—1927）的短篇小说《阿富的贞操》讲述的是：明治元年，天皇的军队遭到德川军队的追击，下谷町被告知要求全员紧急撤离以躲避兵燹。二丁目的小杂货店残留了一只三色猫，主人因为它的走失而整日哭泣，阿富决定只身回到将要成为战场的下谷町的家，为主人救回这只猫。其时闯入家中躲雨的乞丐新公对阿富起了色念，拿着枪对准猫咪，以猫咪的性命来胁迫阿富顺从。没想到阿富"眼中一片澄澈，连恐怖的影子都看不到"，宽衣解带，为了救猫准备献身。这让新公很意外，逃也似的躲进厨房，顿时失去了勇气。后来，新公跻身明治时代的名流，当乘坐双驾马车经过阿富身边时，阿富"不觉吃了一惊，放缓脚步。原来她有过感觉……新公可不是一个平常的乞儿"。新公的逃到底是因为不受驯服的被欺负的对方一下子驯服了而愧疚，还是突然觉得索然无味？阿富为了救猫而献身到底是出于对主人的忠诚，是畏惧开枪，还是对强势的男人怦然心动，抑或是突然厌倦了禁锢女人贞操的枷锁从而彻底堕落？一部短篇小说，情节不断发生"反转"，每次"反转"都在突然之间。那种种的不合理，其实是作者在通过猫来揭示人性的幽微隐秘：三色猫的眼睛发着绿幽幽的光，神秘而不可捉摸，人性不就如此吗？在诱惑和堕落中交织着正义、忠诚和牺牲，方寸之间，不知有几重宇宙？猫眼、人性，难以言说的微妙离奇，被三十岁的芥川拿捏得死死的。一个世纪以来这一直被不断地解读，有时解读的面向甚至是相反的。其中唯有一人的解读方式很特别，他说这部小说有一处硬伤。

　　这个人是动物学家石田孙太郎（1874—1936）。芥川描述那只叫作"三毛公"的三色猫是雄性。石田则以知识考古的方式考察指出，三色猫中几乎没有雄性，而这一常识也在石田之后才被慢慢普及开来。石田对猫倾注了满腔的爱，他曾经写过随笔风格的百科全书《猫》，其中有猫的日常生活、猫的智情意、猫的实用、猫的美谈、猫辞典、猫不回家时的心得等，也有与文学有关的——猫与俳句、虎猫平太郎……这为他赢得了"猫研究的泰斗"的称誉。20世纪60年代，作家奥野信太郎曾经与日本实业家水野成夫、法学家宫泽俊义、血清学家绪方富雄、西洋画家木村庄八等名人组成"爱猫""厌猫"两大阵营，在日本放送协会（NHK）开展辩论。节目播出后，一位妇人给奥野寄来信和小邮包，介绍自己是石田孙太郎的情人，说邮包里是她过去与石田同居时养的名叫"太郎"的猫的照片。石田已辞世，她自己也是风烛残年，因此将猫的照片托付给爱猫的奥野保存。这是后话。话说《猫》中的"虎猫平太郎"，是以石田养的"虎猫"为叙述者讲述的故事。其时夏目漱石的《我是猫》已经出版，石田的叙事风格无疑受到了夏目漱石的影响。

## 那猫：日常的、俗世的而又超越的

　　作家大佛次郎（1897—1973）视猫为伴侣，而非宠物。他一生养过五百只猫，写过约六十种猫的读物，日常生活中喜欢用猫形状的陶器制成的以木炭取暖的暖手炉。他成功地感化了原本不喜欢猫的妻子。在《有猫陪伴的每一天》一文里，他说自己喜欢猫，是因为猫对人类是冷酷无情的，然而如此冷酷的猫却安抚了人极度沉默与愤怒的内心。他的遗言是这样写的："是否有来世，我至今也不知道。如果有来世而那里没有猫，我会感觉非常糟糕。如果没有来世，那么我遗言中最重要的一句话是：我的棺材里千万别放我自己的作品，要放我喜欢的书和猫。"如今的大佛次郎纪念馆，经常举办猫主题的展览，而馆内收留的流浪猫就像明星一样被各路"狗仔队"追逐着，也成了一道风景。相较之下，三岛由纪夫（1925—1970）就没有那么幸运了：三岛由衷地感慨猫咪"那种有点卖弄小聪明又爱耍脾气的表情，排列整齐的牙齿，冷酷的谄媚，我真的喜欢得无以名状"，然而他父亲因为爱养狗，经常把他的猫弄丢，他就费尽心力地去找回来；后来又娶了个不爱猫的妻子，就连偷偷给猫咪喂小鱼干的权力也遭到了剥夺。在奥野信太郎的眼里，日本作家中村松梢风（1889—1961）之爱猫无人能及。村松按照猫的数量配置睡床和专用的电取暖器，准备专用的紫外线灯以防止猫患上皮肤病，每隔一两周请猫医生为爱猫诊断健康状况；猫食以刺身为主食，以竹荚鱼为菜肴，每当猫咪用餐，还会请流浪猫来做伴。被称为日本近代文士中"猫痴"的内田百闲（1889—1971），描述他那只叫作"库尔"的猫丝毫没有被人豢养的自卑感，我行我素、横行霸道，需要什么毫不客气地索讨。当爱猫跑丢了之后，他发疯似的寻找，哭得肝肠寸断、茶饭不思。黑泽明拍的电影《袅袅夕阳情》也没忘记把这段故事搬到银幕。

　　有些作家是因为对人的厌恶而爱上猫的。比如太宰治，他说："我无法爱人，只能爱猫。"不知是否算得上谷崎润一郎情敌的佐藤春夫也是基于对"自以为是号人物的笨蛋"的人的讨厌，而愈发觉得猫的弥足珍贵。我对梶井基次郎（1901—1932）这个作家不太了解，他撇开猫的脾性、声音、气质不谈，偏偏钟情猫爪，想必是一个有些阴柔气质的作家吧。他在《爱抚》中描述道：

> 猫爪化妆工具！我抓来猫的前脚，兀自怪笑着，抚摸着上头的细毛。猫用来洗脸的前脚侧面，布满着如地毯般密聚的短毛，看起来确实可以拿来当成人的化妆工具。但这对我又有什么用？我翻身仰躺，把猫高举到脸上，抓起它的两只前脚，让那柔软的脚掌分别按在我的两边眼皮上。猫宜人的重量、温暖的脚掌，不属于这个世界的无比安宁，深深地沁入我疲惫的眼球里。

梶井说猫所营造的"不属于这个世界的无比安宁"真是击中了"猫奴"的心！猫是存在的，但它制造的安宁比没有它时更彻底。人类这种东西，既怕孤独又想要安宁，猫不费吹灰之力地以天性满足了人类。当然，猫的天性中还有冷酷，它会在猝不及防时陡然离开。"猫奴"村上春树一定是感受到了这一点，所以他笔下的女人也常常像猫一样，随时消失，给男人留下一个荒凉的世界。

猫也会让人惊恐，因此世间就有了各种关于猫的怪谈。民俗学家柳田国男就以猫为窗口，来观察日本的民族性。他在《猫岛》中列举了关于猫的种种异闻，说猫岛禁止狗上岛，因为猫狗交恶，自古有之。他又说，人猫也不是什么真朋友，猫有自私的灵魂，是独立动物，有自己的圈子，但猫与狐狸的复杂情感却值得仔细研究。妖怪与猫是日本文化中的重要现象，被柳田视为理解日本历史与民族性的方法之一。由此就可以理解，陈凯歌拍摄的《妖猫传》要讲大唐故事，用的脚本却是日本作家梦枕貘的《沙门空海之大唐鬼宴》。作家丰岛与志雄在《猫性》中说，美谈都是建立在习惯的基础上的，而猫和艺术怪谈都无法建立在习惯的基础上，但优秀的艺术总是蕴含着怪异的力量。

## 那猫：关于他者、关于历史

奥野信太郎（1899—1967）深信猫能读懂人心，他最多的时候养过十只猫。在他的《爱猫记》一文中，最精彩的不是他对自己养猫生涯的描述，而是借猫来回忆留学过的民国北京以及中国。他描述北京的蒙古猫"性情彪悍，野性十足。只有看着'蒙古猫'慢腾腾地在院子里走动，听着榆钱'沙沙'落地的声音，我的心里才会踏实，才感觉到这是我梦想中的北京生活"。奥野在北京的日子无忧无虑，静谧中充满生趣。晚年的他说此生难忘，于是不断地书写北京、书写中国，以回到他的文化原乡。他熟悉中国经典，历数中国诗词中的"乞猫诗"与"送猫诗"，比如宋代诗人黄庭坚的《乞猫诗》。黄庭坚还写过"送猫诗"《谢周文之送猫儿》，陆游也写过"送猫诗"《赠猫》。他还将后两者加以对比，认为陆游比黄庭坚更了解猫咪的饮食脾性，更称得上"爱猫家"。

与熟悉北京每条胡同气息、每家饭馆菜品优劣的奥野相比，村上春树对中国要生疏多了，出现在他作品中的中国意象则显得暧昧不清。然而，他两年前创作的《弃猫：当谈起父亲时》却备受国人瞩目，以至这篇首刊在日本《文艺春秋》杂志上的传记被制成精致的单行本而译介了过来。

故事开篇讲述村上的父亲带着他一起将怀了孕的母猫抛弃到海边，结果发现被抛弃的母猫反而先于他们回到家中。父亲的神情由"惊讶"转为"叹服"，最后变成了"安心"。这只母猫身上的第一层隐喻，是村上的父亲被祖父送到寺庙里当小和尚，以及被送出当养子的经历；第二层暗喻，是战时被日本政府征兵的年轻人遭到国家抛弃的命运。连那只弃猫都不如的是：包括村上的父亲在内的被送上战场的年轻人，面临着有去无回的命运。在小说的结尾，村上又讲述了另外一只从树上下不来的小猫的故事。说一只小猫像是要向村上炫耀自己的敏捷勇敢，呲溜一声爬上了一棵松树，但当爬到高得消失了身影、无法下来时，只好发出求救的声音，然而村上和被他叫来的父亲也束手无策。村上学到的教训是：下来比攀登要难得多。这个爬到高处下不来的猫的命运是对此前战争叙事的呼应：日本发起了战争，却无法终结战争。哪怕日本用武力征服了中国的各个城市，但是怎能统治得了幅员辽阔的整个中国？村上曾经说过："暴力是理解日本的关键。"但村上也因为一直对历史与战争责任持若即若离的态度而遭到诟病。这一次，也是第一次，村上赤裸裸地面对自己和历史，完成了与父亲笨拙的和解；同时作为儿子，也继承了父亲不光彩的经历所造成的"精神创伤"，完成了与历史的和解。就像村上总结的："不管那些内容多么令人不快、多么令人想要转过身子回避，但人们必须将其作为自己的一部分接受下来。否则，历史这种东西，又有什么意义呢？"而作为个体的一粒雨滴，"有将历史传承下去的责任和义务。……即使它会被轻易吞没，失去个体的轮廓，被某一个整体取代，从而逐渐消失。不，应该说，正因为它会被某一个整体取代从而逐渐消失，我们才更应铭记"。读这部传记时，我似乎听到到了村上在拿着手术刀，一点一点解剖自己的沙沙声，那声音与爬到高处下不来的小猫的求救声遥相呼应，揭开了日本历史的暴力，在作为打开理解日本钥匙的同时，实现了双重和解，也回应了读者的期待。

　　有人会担心：对猫咪越着迷，离火热的人生就越远。但你看，这些日本作家不想见人、不想说话，沉浸在幻想中。他们不是意气消沉，而是在做着像猫那样的野性之梦。所有的框架都无法约束那种梦想，在猫的体内留存多少，在作家的体内就留存多少。梦想一旦被刺激，优秀的作品就诞生了。

2021 年 2 月 15 日

（原题为《日本文学中的猫》，载《光明日报》2021年 3 月 18 日）

# VI

# 移动的批评

# 奈良本辰也的日本文化论

　　就文化论的研究与阅读情形而言，有这样一种说法：美国人虽然阅读本国人写的《美国文化论》，但几乎不读他国人写的《美国文化论》；无论是本国人还是外国人写的《中国文化论》，中国人都不太关注；相比之下，无论是日本人创作的《日本文化论》，还是外国人写的相关著作，日本人都很喜欢阅读。虽然我们缺乏足够的数据来证明上述说法，但事实上是罕有哪个民族像日本那样，如此耽于研究和讨论自身。从层出不穷的日本论、日本人论、日本文化论就可以看出。其历史可以追溯至 18 世纪中叶的本居宣长（1730—1801）和以荷田春满（1669—1736）、贺茂真渊（1697—1769）等为代表的国学派。明治以后逐渐增多，战后则大量涌现。日本学者青木保（1938—　）在研究战后日本文化论的变迁史时，得知野村综合研究所于 1979 年 3 月发布的《战后日本人论》年表的统计数据是：从 1946 年到 1978 年的三十二年间出版、发表的"日本文化论"，仅单行本就达六百九十八种，若加上论文、随笔类文章，将逾千种。从 1978 年到 1990 年的"日本文化论"，著述多达两千种以上

（青木保：《日本文化论的变迁》，杨伟、蒋葳译，中国青年出版社 2008 年版）。而据笔者大体估计，1990 年以降的相关论述亦逾两千种。青木保在上述研究中还提醒我们注意这样一种现象："在进入 80 年代以后，对'日本文化论'本身的'批判论'都是从将其作为一种'文化现象'来加以把握的立场出发所达成的。'日本文化论'这一'话语'如今作为与组织体、制度等同样体现'日本'的'东西'，逐渐得到了独立。"（《日本文化论的变迁》）尽管其中不少文章和著作存在不少问题，诸如信息量少、因学术含量低而被贬斥为"大众消费产品"，或者意识形态过强、受到国家政策影响过深，等等，然而整体上仍呈现出日本人对自我的执着探讨——"日本人过去是怎样的人""现今的日本人是怎样的一种人群""日本人今后将何去何从"——已然形成了一种文化现象。每一个时代都出现相关的畅销书和经典论著，影响、引导和规范着日本人的自我认知以及他国人的日本观。随着时代的变迁，不管"日本文化论"呈现出多么迥异的面貌，其中"传统"与"近代"、"西化"与"国粹"之间的矛盾以及因此而滋生的痛苦始终存在。这种矛盾和痛苦的历史背景和内在逻辑在于：自从 1853 年美国以炮舰威逼日本打开国门，日本就开始睁开眼看世界。当然，这里的"世界"指的就是西欧和美国。百年来，日本人走过了从抗拒欧美、到主动与他们打交道、到赶超后者的漫长道路。而日本知识分子的功绩也主要在于对欧美文化的引进。正是这些先驱和知识人的努力，日本文化才拥有今日的辉煌。然而，抛开日本近代殖民者的形象不论，即便是日本在成为经济大国的 20 世纪 80 年代以来，日本人从到处收购古玩字画到收购洛克菲勒中心大楼，其间呈现出来的傲慢无礼形象让欧美社会出现"排日风潮"和"封杀日本"的声音，而且出现了捣毁日本产品的事件。究竟如何与他国人相处？日本人在傲慢与自卑中展开了对自己的文化与身份的探究。

日本是我们的邻居，然而由于历史和现实政治的摩擦，我们在感情、心理和文化的各个层面与日本人又是如此遥远和陌生。不过这都不足以成为我们不去了解日本的理由和借口。日本人思考日本，要打破自身的封闭状态；我们去了解各种日本文化论，除了要去接触、发现和理解异文化的乐趣，如果在批判性阅读的前提下，能够重新审视自我，建立起自我认识的新视点，那是我更为期待的。因为重新审视自我并不是自外于我们的功课。

在浩如烟海的日本文化论中，历史学家奈良本辰也推出的这部《日本文化论：美意识与历史的风景》（角川书店 2002 年版），它的独特价值在哪里？我尝试将他的论述纳入日本文化论的系谱，来对它进行梳理和解读。


## 奈良本辰也的一生


奈良本辰也 1913 年 12 月生于濑户内海西部山口县的

大岛郡。风光明媚的自然风土养育了他乐观、爽朗和尖锐的性格。奈良本毕业于京都帝国大学文学部，专攻日本史，他在那里师从著名国史学家西田直二郎（1886—1964），与后来成为历史学家的林屋辰三郎（1914—1998）等人创办了《日本史研究》。西田直二郎是日本文化史学的代表人物。受老师的影响，奈良本对文化抱有强烈的兴趣。1938年大学毕业之后任教于山口县立丰冈中学，他的特立独行被学生视为清新、自由与阳刚的象征，吸引了众多弟子。不久返回京都，任职于京都市史编纂所。与他的老师西田直二郎在日本发动侵略战争期间积极介入战争、战后被开除公职的命运不同，奈良本在战时过着远离战争的读书和学者生活。他于1945年出版处女作《近代陶瓷器业的成立》，在"八纮一宇、神国日本不败"的皇国史观风靡日本之际，以陶瓷器为研究对象，这种行为本身就是一种沉静的抵抗。日本战败翌年的1946年，奈良本到立命馆大学文学部任教，直到1969年的二十三年间，由于其授课精彩、个性鲜明、体恤学生，慕名拜访者众多，被誉为"花形教授"（即"明星教授""人气教授"）。那一时期立命馆大学拥有研究近世史的奈良本辰也和岩井忠熊，研究中世史的林屋辰三郎，研究古代史的北山茂夫和思想史专家前田一郎等著名学者，他们致力于发掘主流历史学忽视的史料并且加以活用，从民间立场出发追溯历史真相。他们的研究获得了坊间的广泛支持，从而奠定了他们的"在野史学"的旗手地位。而他们所形成的学风也被称为"立命史学"。1951 年，奈良本的著作《吉田松阴》由岩波书店刊行，此后多次再版。其时美苏对立，日本被美国占领，在这种背景下，《吉田松阴》这部著作所呼吁的民族独立精神别具意义。为了从战争的阴影中走出来，他积极参与时任立命馆大学校长的末川博（1892—1977）倡导成立的和平问题谈话会，呼吁日本不依附于两大阵营中的任何一方，主张全面讲和。

作为一名学者，奈良本著作等身：专著逾七十部，编著和共著作品达三十部，翻译和校注作品有四部。他作为历史学家的贡献主要表现在：编纂出版全二十卷《日本历史大辞典》、编纂刊行全二十卷《社会科学大事典》。所写的评传除了吉田松阴，还有高杉晋作、前原一诚、西乡隆盛、二宫尊德等。他的视野还涉及庭园、寺院建筑、古董、酒等，留下多种内容的著作，并且与文艺界交游广泛，也可以称得上是艺术家和作家。奈良本疾恶如仇，为人豪侠，具有反叛精神，对底层怀有深沉的热爱。20 世纪 60 年代，他将目光投向历史上被置于日本底层、受歧视的部落，不久担任"部落问题研究所"所长，站到了日本部落问题与部落历史研究的最前线。他不断发表文章，呼吁改善受歧视部落的待遇。由于该所研究业绩突出，1966 年奈良本获得"朝日赏"。1969年，日本政府依据《同和对策事业特别措施法》，向那些受歧视部落和地方自治体拨款数十亿日元。后来由于该所内部产生分裂，奈良本辞职。在大学纷争的 20 世纪 60 年代末，他批判学界的封闭体制，抗议和平与民主主义流于形式，辞去了大学教职。1971 年在自家的宅邸创设"奈良本历史研究室"，坚持"在野历史"学者的立场，试图打破历史学的常规，被称为"行动的历史学家"。奈良本晚年脚痛，而瀑布往往在坡急地带，但他仍然遍览日本一百零八处的瀑布，不仅详细描述了各地瀑布的姿态，而且搜集整理了历年文人墨客创作的和歌、俳句、汉诗以及民谣，最终写出了上下两册的《日本的瀑布纪行》。不过，我们在这本书里读到的有关瀑布的文字，只不过是他巨著中的一小部分。

　　奈良本一生不拘小节，没有城府，喜欢自由自在、豁达奔放的生活，并且他就是这么过的。我们可以想象，虽然日本是民主社会，奈良本的个人生存看似选择性很大，但是并非不需要勇气。他的一生，就是抵抗的一生。但是在抗争的过程中，他又不予人以苦和累的感受，这大概与他的性格有关。就像长期担当他的助手的左方郁子说的那样，他"喜欢热闹之事，喜欢华美之事，喜欢快乐之事"，而且越到晚年，这种倾向越明显。他喜爱书法，酷爱收藏古董，喜欢下棋和打麻将，对周围人充满爱心，他的一生活得既有风骨，又有风韵，委实让人赞叹。

# 日本文化论：奈良本辰也的问题意识与研究方法

《日本文化论：美意识与历史的风景》是从已经出版的著作中遴选内容的再编，作为大学的"日本文化论"的教材使用的。虽然前面的"出典一览"能够让我们明确知道每一篇章的来源，事实上，每一篇章所涉的研究对象，作者的著述都远远超出"出典一览"所列举的书目。如关于庭园，他还著有《京都庭园》（1955）等；关于人物，对吉田松阴、高杉晋作、坂本龙马等，有单独的人物传；关于武士道，他曾著有《武士道的系谱》（1971）；而对于本书艺术风土的落脚点京都，他的相关著作有《女人哀欢 奈良·京都古寺巡礼》（1963）、《维新与京都 明治百年京都的史迹》（1967）、《叙说京都》（1970）、《京都历史岁时记》（1980）等；作为近世史专家，他留下的相关著作更多。所以写作此书，他有一种信手拈来的余裕。这种余裕使他摆脱呆板的学术论文气息，在考证之间夹杂着议论和抒情，文字温和含蓄，也算得上是学术随笔吧。

奈良本辰也在探求"何谓日本"时，是把所谓的日本理解为历史的总体。他所想到的"历史的总体"，"是我国文化开始独立的平安时期"，因为"正是在平安时期，佛教、绘画、雕刻，还有文学，甚至还有书法，使我国呈现出与大陆文化不同的独立姿态"。也就是说,他所谓的"日本文化论",是作为精神文化的文化中之"宗教"和文学艺术,即此书所涉及的庭园、建筑物、街道、工艺品、书、书法等。这类风景,有别于自然风景,而是"历史的风景",并且是京都的历史风景。京都周围的大自然,京都的建筑、街道等,与维系京都习俗具有同一性的实体,以及与那种实体相匹敌的和谐,就是作者所理解的日本文化。他既铺陈特定的自然条件对于具体的社会文化共同体的影响,在叙述文化结构时又能贯彻历史观点,这种思维方式使他的日本文化论避免了一般文化论中的价值判断。同时,虽然作者关注的是脱离中华文化影响的平安时期之后的"日本独特的"文化,但是由于他在着重论述日本的创造性的同时,积极认可中华文化的影响,甚至篇章的设置(在中国传统文化中,青、朱、白、玄四色分别代表四方的二十八星宿,与金木水火土对应)都体现了中国传统文化的影响。虽然他强调日本文化的特殊性,却不把这种特殊性视为优越性的依据,所以并没有本民族中心主义的倾向。而贯彻始终的,是他对权力和权威的批判态度,以及善于发现存在的美的能力。

在日本殖民时期,奈良本对国家政府持远离和漠视态度;在立命馆大学任教期间,他立足于民间立场,开始涉足受歧视部落的研究。这让他发现,从统治者的立场把握历史,会存在很多问题。故此,他的研究始终贯彻在人的立场。奈良本对自己的要求和对文人的认识，就如他在"代序"中对文人界定的那样：所谓文人是与权力相悖的，他们耽游在文雅的世界。在文学艺术的创造方面，他关注社会"边缘人"女性和平民创造的文学，对追求内心自由的避世文人心怀仰慕，钦佩对日本殖民政府发起抵抗的"俳句运动"。在论述近世初期本阿弥光悦等人的艺术成就时，他以为，如果一个社会个人的创造与价值得不到充分尊敬，艺术往往难以成长；但如果仅仅停留在向往和回忆过往的美好时代而不付诸任何行动，优秀的艺术也绝不会产生。而优秀艺术恰恰在于创造者对权威的抗拒，是在精神的紧张之中诞生的。对于当时日本的太平盛世，世人看到的是它的"太平"，而奈良本看到的是"太平"之下精神的禁锢，因为"统一化的社会同时也是世俗化的社会。平庸成了所有价值的衡量标准"。他对此给出的处世方法有如下几点。其一，通过脱政治化实现对政治的反叛。比如本阿弥光悦，远避政权，耽游于艺术世界，从而在陶瓷、绘画、音乐、诗歌等各艺术领域取得了辉煌的成就。其二，通过与死亡博弈赢得自由。如赖山阳，选择的是脱藩这条被判为死罪的路，而赖山阳品格高雅的诗文也源自他对自由的憧憬。其三，最直接的办法就是出家，进而成为真正的求道者。他总结道："现在能够超越凡俗的一个办法，就是把身体沉潜到世俗的同时，迈向超越凡俗之道。换句话说，就是通过彻底的世俗化来实现超越。"但是他认为这些都绝非易事，只有非凡之人才能真正做到脱离世俗。

正如该书的副标题所示，它通篇讲的是"美意识"。而开篇则是文眼："我国固有文学的诞生是在迁都京都之后，我们认为起初是平安时期那些为数众多的日记和随笔之类的文字。"奈良本将着眼点放在京都，是因为京都是日本传统美的典范，它使国风文化自觉化，是孕育诗情的土壤。"京都的风光恬静安详，又在千变万化之间尽显细腻纤柔——就在那里，同样细腻纤柔的文化诞生了。"接下来，作者用充满柔情的眼光——描述了自平安至幕府末期京都周边的历史与风景。作者关注文学艺术上的留白、余韵，而这一点也把握住了日本传统的"幽玄"与"物哀"之美。每一处美景都是时代的产物，美景的制造者往往执着于美，而又不为世俗所容，或者是不愿与世俗为伍。他讲述庭园，要说的是梦窗国师赋予庭园的求道精神，其"道"的内涵在于甘于清贫、在寄情泉石中寻求宇宙之神。他讲述桂离宫匠心独具的细腻，是为了阐释智仁亲王对武家政治的反叛。他描述修学院离宫的精致，是为了阐述后水尾天皇在权力争夺中的坚韧与风骨。他评论书法之美，在于自由放达精神之传达，而糟糕的书法乃世俗气使然。作为武士道研究的权威，他对武士道研究的一个贡献在于将武士道的"狂"与"美"联系在一起。武士抹着红粉昂首阔步，为了美而死。这是武士道的"狂"与"美"第一次被赋予哲学品格。奈良本爱酒，同样是为了追求风流和风雅。在他看来，酒刚柔相济，与绘画和音乐一样，是令人着迷的艺术品。喝茶是为了追求"和静清寂"的美与道，插花要插出"古雅闲静"的美与道，书有书道，剑有剑道，那酒亦应有酒道。他虽然没有对自己的酒道作具体的阐释，但可以读出，赖山阳复杂的贮酒技术、风景怡人的居所"山紫水明处"、对酒交欢和侈享清谈的众饮之乐，是作者追求的酒道。

奈良本无疑是个乐天主义者。他的乐天主义，是基于这种强烈的信念：人类具有变革历史的力量。他高度评价高杉晋作在危机来袭时代的乐天主义气质，还以佐久间象山和清河八郎的历史命运为例，阐明乐天主义绝非盲目自信：既不是在顺境中做到自信，更与内心阴暗相悖。真正的乐天主义，是在任何艰难时刻都能保持自信，敬畏生命，肯定人生与善的理念不仅在历史的危急时刻具有开拓力，而且能够超越威胁生命的近代文明带来的弊害。奈良本的乐天主义具有超越意识形态的性质，所以在回顾历史时，不从权势判高下，不以成败论英雄。整卷以"泯灭的美学"为终篇，尤其能表现出作者的历史观和美学观。

## 美意识与历史风景的系谱以及奈良本辰也

正如拙文开篇所示，日本文化论浩如烟海，我无能也无意对其进行全面探讨。我想以美意识与历史的风景为线索，梳理一下不同时期日本文化论相关的代表性著作。

志贺重昂的《日本风景论》（1894）是日本学界最早将西方地理学思想引进日本、并开展地理学启蒙教育的著作，但著者是站在与西方对抗的角度，反复论证日本风景的"举世无双"。其中也写到中国、朝鲜等亚洲邻国的风景，意在表明日本的风景"优于"亚洲邻国，可与西欧并驾齐驱。该书设专章论述遍布日本全境的活火山的"勇壮"，把活火山视为日本风景的代表，进而将国土的美丽与国民精神联系在一起，强调"此江山之洵美、植物之多样，是过去、现在和将来涵养日本人审美力的原动力。"（志贺重昂：《日本风景论》，博文馆 1903 年版）著者通过赞美日本的风土，继而论述日本人的精神生活和文学艺术，认为是日本的风土造就了日本的国粹。《日本风景论》一书分析了当时的时代背景，并且预测将要发生的甲午战争。它的出版正逢甲午战争时期日本民族情绪高涨之时，该书将风景纳入民族主义构建的文化政治的一环，甫一出版即成为畅销书，鼓舞了新兴帝国日本的士气。其时日本已经将北海道、冲绳纳入国土，又将目光投向朝鲜半岛和中国。为了消除伴随国力的逐渐强大而带来的不安，日本的知识分子从各种角度来确立自己的身份认同。那一时期的代表性著作除了志贺重昂的《日本风景论》，还有福泽谕吉的《脱亚论》、内村鉴三的《典型的日本人》、新渡户稻造的《武士道》等，都是在与西欧的抗衡中强调日本的独特性。

　　和辻哲郎于 1935 年出版的《风土》将世界的风土分为三种类型：季风、沙漠和牧场，进而分析各个地区的宗教、哲学、科学和艺术特征，以此探求人类生存的不同形态。他探讨了接受儒学、佛教影响之前的日本以及日本的佛教雕刻等，论述日本处在季风环境中，但夏季的台风和冬季的大雪让日本的季风气候显得比较特殊：热带气候与寒带气候交替、季节性与突发性相容，塑造了日本"宁静的激情""战斗的恬淡"的国民性格。他将日本的精神构造特征称为"激情与淡泊的谛念混合"。在中国人看来，平原广漠、长江大河塑造了中国人博大的胸怀，日本人褊狭的气局往往让中国人感到不自在。但是中国气势磅礴的大自然在和辻哲郎看来，却是一幅单调的、无变化的、空洞的构图。和辻哲郎写作此书的目的，当然是通过比较来凸显日本风土小巧灵活、富于变化，进而强调日本多元的文化类型，以此对抗欧洲近代价值观的一元论；而对近代落后中国所抱有的盲目自大也一目了然。他进而指出，形成上述国民性的基础，是具有空间的、相承关系的"家"这一基本单位，在这一内部世界，内部成员之间既可享受亲密无隙的结合，又会为了"家的名誉"轻而易举地舍去生命。这就是日本"情死"和自杀多发的原因之一。该书于 2006 年被引进中国，译者陈力卫在"导读"中写道："这种对'家'

的制度的描述会导致一种对以'家'为中心的国家观的肯定态度，就是全体日本国民共为一个大家庭，当然要听从家长（即天皇）的指示和教诲。而这样必然会有利于集权主义的抬头。因此，此书一经出版，就被批判为拥护天皇制的意识形态上的一个理论基础。从全书流溢着的那种赞美神国日本的爱国情结上，我们也不难看出著者的这一立场，而这是需要加以批判的。"（和辻哲郎：《风土·导读》，陈力卫译，商务印书馆 2006 年版）有研究者直言，和辻哲郎将风土论转化为"生存空间"，与纳粹的"生存空间"无任何差别（吉诺·K. 皮奥韦萨纳：《日本近代哲学思想史》，江日新译，东大图书公司 1978年版）。追溯 20 世纪 30 年代初的日本，皇国史观与法西斯势力结合，民族主义思潮泛滥，军国主义法西斯势力加紧夺取政权的步伐，接二连三的政治性暴力事件为建立军部法西斯统治开辟了道路。日本由 19 世纪 90 年代的"脱亚入欧"战略转向"排欧入亚"，"大亚洲主义"思想日益膨胀。1931 年发动"九一八"事变，日本占领中国东北。1933 年，国际联盟敦促日本从中国东北撤兵，日本以退出国际联盟表示抗议。和辻哲郎的风土论就是在这种历史背景下诞生的。

　　20 世纪 30 年代后半叶，皇国史观确立。文部省先后颁布《国体主义》（1937）和《臣民之道》（1941），向日本大众强制灌输"万世一系"的天皇的"神性"及其统治的"正当性""永恒性"；对外进行侵略扩张的同时宣扬"八纮一宇"的思想，试图以侵略国身份强加自己的"国体之精华"，实现以"皇国"日本为霸主地位的"大东亚共荣圈"的梦想。太平洋战争时期，日本虽"标榜"各民族平等、各民族的历史和文化多元论，然而推行的却是日本民族/种族/文化优越论。这一时期的日本文化论具有典型的极端国家主义性质。其中研究日本文化论最为有名的文化团体，当属以西田几多郎（1870—1945）和田边元（1885—1962）为首、任教于京都帝国大学的思想集团，即"京都学派"。他们的学术思想和立场尽管有差别，但是战时日本社会整体向右转，他们立足于以军国主义原理为基础的"国体"和"日本主义"的平台，从学术层面为国家对外战争服务。1942年，京都学派部分成员联手日本浪漫派和文学界同仁，以"近代的超克"为名举办座谈会。座谈会内容被编辑成著述，在1942年发表于《文学界》，翌年7月出版单行本《近代的超克》。座谈会上反复确认的"近代"，指的是西方的近代。他们关心的是，如果日本的近代史成为世界史的中心，"日本人论"的难题，即"日本人在何种意义上才能成为西方近代中的一员"，不就迎刃而解了吗？要克服这个难题，如何实现超越西方呢？尽管日本在太平洋战争中取得军事上的胜利，但日本知识分子并没有因此而在学术上确立自己的身份认同。

1945年8月，广岛、长崎被投掷原子弹，天皇发表"凡人宣言"，其时日本文化论呈现出否定性倾向。被广泛阅读的美国人类学家本尼迪克特的《菊与刀》的主要观点为，日本的"集团主义"和日本文化的"耻感文化"特征在战败后的日本被视为导致近代化失败的原因。日本的重生，即日本人的自我恢复成为日本人面临的最大课题。进入 20 世纪 50 年代，日本经济渐趋繁荣，日本从美国占领下独立，1956 年发表《经济白皮书》，宣称已经不再是战后。这时重新定位日本文化和日本人的思潮悄然兴起。加藤周一的《日本文化论》应运而生。

加藤周一（1919—2008），文化学者、作家、评论家，被誉为是日本战后最大的知识分子。战后初期，他曾经将日本文化置于西方文化及其民主主义的对立面，批评日本文化的封建落后。作为战后最早赴欧留学的人，他以留欧体验为基础，于 1955 年发表《日本文化的杂种性》一文，对日本知识界造成冲击。因为近代化以来日本知识界始终存在着两种类型的"纯化"思潮。其一为"国粹主义"，最典型者莫过于战时"天皇即神"的宣传；其二为基于近代化理论的"历史主义"，这种理论认为世界遵循单一线性发展，任何国家都按同一顺序向前发展。日本的近代化，就是不断地消除自身的前近代性和西洋化的过程；那么基于此，相较于中国、朝鲜等当时落后的国家，日本有义务担任"指导者"。而加藤所谓的"杂种"是不带贬义的中性词，因为日本的文化特征在于日本和西方这两大要素在很深的内层里相互缠绕，任何一方都难以被排除。他提出杂种文化论，是基于如下考虑："明治以来，一发生使日本文化纯粹西化的风潮，就会产生崇尚日本式事物的反动。两种倾向反复交替至今未已……切断这种恶性循环也许只有一个办法，即必须抛弃纯化日本文化的愿望。不论是纯粹日本化还是纯粹西方化。"（加藤周一：《日本文化的杂种性》，叶渭渠等译，收入《日本文化论》，光明日报出版社 2000 年版）著者认为日本人不必在英美等欧洲"纯种"文化面前感到自卑，应该在承认"杂种性"的同时，追究在有效地利用它时，蕴含着怎样的可能性。在谈论"日本的艺术风土"时，他强调要保持精神上的对外开放与传统的继承。他说，"因为精神的对外开放而毁灭的应该不是真正的传统。相反，恢复传统之路会因为对外开放而开辟出来。"（加藤周一：《何谓日本人》，彭曦、邬晓研译，南京大学出版社 2008 年版）应该说，加藤周一的"杂种论"和对精神开放性的提倡，给当时的日本人带来了精神上的安定。

20 世纪 60 年代初，日本进入高速经济增长时期。围绕"日美安保条约"的改订，学生运动兴起，最终"全学联"在与警察发生冲突中造成东京大学学生桦美智子死亡，日本走上保守政治路线。1964 年东京举办奥运会，文化民族主义风潮高涨。"阴性、晦滞的背阴式文化"，即以禅宗的"闲寂""空寂""幽玄"为代表的中世美学或茶汤文化盛行。如果往前追溯，明治时期的著名思想家和美术家冈仓天心就将此中世文化特征视为日本文化民族主义的核心；20 世纪 30 年代，帝大学院派亦将茶道和山水画置于"日本传统"的核心。而在 20 世纪 60 年代初，日本艺术家冈本太郎则认为真正的日本民族传统，在于健勇的绳文式文化，以及对抗近代社会、充满生命力的东北的"茧魂"（一种遍及日本东北的民族信仰）、冲绳的"御岳"（琉球信仰的宗教设施，拜神的场所）和密教的胎藏界曼陀罗。他指出："勤勉、率真、好奇心强的日本民族日后学习了各种文化，且巧妙融合于自身的文化中，日本所有的文化形式都是在不同历史层面相互抵牾的碰撞中，不断积淀而成立。这真是奇妙绝伦、世界无双的复合文化。它置身于惰性与混乱的旋涡下，却真切鲜活，具有日本独特的清明的生命感。"（铃木贞美：《日本文化史重构：以生命观为中心》，魏大海译，中国社会科学出版社 2011 年版）而且冈本太郎进一步指出，神道家喜好的"清明"源自古中国的节日，日语中的"清明"与汉字的"清"紧密相关，皆有无秽之意。若是清秽或除秽，则共通于几乎所有宗教。可见冈本太郎的日本文化论与加藤周一的杂种文化论有相通之处，都超越了时代和历史的局限，是对当时日本文化民族主义思潮的反拨。

20 世纪 70 年代，时任日本首相的大平正芳责令成立"文化时代小组"，试图通过研究找到日本文化中"不变的""日本独特的"价值。20 世纪 80 年代初期，许多著名学者，如京都国立博物馆馆长上山春平、京都大学教授桑原武夫、东京大学东洋文化研究所教授中根千枝、京都大学教授河合隼雄、日本国立民族学博物馆馆长梅棹忠夫、美国哥伦比亚大学教授唐纳德·金等人汇集到哲学家梅原猛周围，对日本文化开展综合研究。1987年，在日本政府三亿八百万日元资金的援助下，国际日本文化研究中心在京都成立，梅原猛任所长。凭借日本政府和京都的文化政策，该研究中心迅速成为国际日本研究的中枢。该研究中心的成立与国家意识形态上的需求密不可分：在国际化过程中要摆脱经济腾飞带来的"经济动物"形象，要以一个文化国家的面目出现，成为"国际国家日本"，那么拥有强大资本的日本要在学术上培养有广泛影响的日本文化同一性。带着这种强烈的意识形态而结成的这一研究中心因而被称为"新京都学派"，它体现了日本在文化上表现出的新国家主义。

针对试图构建理解日本人行为方式理论模式的种种日本文化论，20世纪80年代初，日裔美国学者别府春海指出，日本文化论存在两大缺陷。其一，具有大众消费倾向。它表现在如下两个方面：一方面，日本文化论是在大众层面上开展的，参与这种"游戏"可获取丰厚收入；另一方面，发表的平台并非学术刊物，而是以"启蒙"学生和普通市民为目标，选择发表在《中央公论》《文艺春秋》等大众刊物上。所以日本文化论不是正统的学术研究，而是一种"消费产业"，为了向读者推销，出版商必须宣扬"日本在世界舞台上占有重要地位"之类的内容。而且由于这些书的参照物是欧美——在日本，但凡论及日本与欧美关系的论著，往往会立刻吸引读者的眼球（别府春海：《日本人是否具有集团性》，收入罗斯·摩尔、杉本良夫编《解读日本人论》，华东师范大学出版社 2007 年版）。其二，日本文化论具有强烈的意识形态性质。别府春海曾就此问题撰写《作为意识形态的日本论》指出，"所谓的文化论，并非对日本文化进行忠实而客观的描写，而是举出日本某些特定的特征来加以强调，而忽略掉那些不利于自己观点的地方，从而建立起一种体系。至于为什么会建立那种东西，是因为它有利于体制的缘故。"（青木保：《日本文化论的变迁》）至于日本为什么会以欧美为坐标，别府春海进一步阐明："是因为对于日本来说，美国在经济上和政治上都举足轻重，所以日本人的志向就自然朝着美国倾斜了。不过，倘若世界的形势哗然改变，日本人的志向也朝其他方向倾斜的话，文化论也就自然而然地会朝其他方向倾斜。"（青木保：《日本文化论的变迁》）他批评日本人在自我认识和自我选择上缺乏独立性。

纵观近百年来的日本文化论，我们发现，日本文化论固然存在诸如别府春海指出的种种缺陷，但不乏真知灼见，比如加藤周一、冈本太郎等。他们的日本文化论的特点在于：能够通过自我否定和自我更新，打破自己固有的知识框架，以强烈的自我意识抵抗强于自身的欧美，然后进入历史。奈良本辰也同样秉持强烈的自我意识来构建主体性。他的着眼点是日本的美意识，但是并不予人以上述的"纯化"倾向，没有将自己的民族特征夸张化和理想化。与加藤周一等人的论述不同，奈良本不作整体论述，他的美意识与历史观贯穿在对具体事物、人物、事件的描述中。他不仅在讲述传统，也是在讲述传统是如何通过个人的挣扎、奋斗才保存下来的。奈良本发现传统文化中的美，不是在炫耀祖先文化的辉煌，而是以他所发现的价值为根底，向支配着现代的物质主义进行挑战。毋宁说，他的日本文化论是超越时代的。而其中所揭示的"美意识"以及那些历史人物热烈的信仰，让我想起戴季陶（1891—1949）的"日本文化论"。戴季陶在他的《日本论》一书中认为民族的特性主要表现在其信仰生活和艺术生活两方面，因为这两个方面的长处、短处都是不容易被抛弃更变的，而且是最重要的。戴季陶相信日本人具有一种热烈的"信仰力"。凭靠这"信仰力"，做任何事情，都能够百折不回，忍耐一切艰难困苦，为主义而牺牲一切。而在美意识方面，戴季陶认为日本民族的审美情绪更为优美丰富，他毫不吝啬地赞扬"日本的审美程度，在诸国民中，算是高尚而普遍"的。戴季陶充分肯定"美"对于一个人和一个民族的重要性。他说："一个人如果不好美、不懂得审美，这个人的一生，是最可怜的一生。一个民族如果把美的精神丢掉，一切文化便只有一步一步向后退，而生存的能力也只有逐渐消失。'美'是生存意义当中最大、最高、最深的一个意义。"热烈的信仰与对美的无限追求，我以为这是对奈良本辰也这部日本文化论主旨的绝佳概括。

我几年前翻译大江健三郎的《冲绳札记》，他在该书中反复追问"怎样才能变成不是日本人的日本人？"他的声音不时地萦绕在我的耳边。2012 年日本"购买钓鱼岛"的闹剧致使两国关系降到冰点，两国的民族主义甚嚣尘上。对日本做政治批判容易，因为总是有明显的逻辑可循；但探寻它的文化心理很困难，因为它是内在的、看不见的。在中日关系恶化的情况下，我选择换个视角来看日本，是对时代情绪和自身的知识处境的一种反省。在奈良本辰也的带领下，我作了一次愉快的京都之旅，其间伴随的与故去的伟大灵魂的对话，更是对自己的洗礼。作者性情脱俗、文笔洗练生动，而我则挣扎于世俗、译笔笨拙，如此而不惜冒犯原作，是希望对民族情感和民族主义问题持刻板态度的一些国人提供一种不同的思考方式。

2013 年 4 月 15 日

（原题为《日本之所以是日本——日本文化论系谱中的奈良本辰也》，为拙译《京都流年：日本的美意识与历史风景》，北京大学出版社 2014 年版的"译后记"）

# "夜行性肉食动物"的精神史

如果追溯中国学生留学日本，它始于甲午战后。1898 年 6 月，被誉为"留学日本的宣言书"的张之洞所著《劝学篇》之广为刊布，则起到了推波助澜的作用。张之洞在该书的《游学篇》中，以路近、费省、"同文同种"之便，加之日本明治维新有成，力倡日本留学。受到甲午战败、日俄战争中日本取胜和 1905 年清廷废除科举制的刺激，抱着建设近代国家使命的爱国青年和那些官僚苗子纷纷燃起了赴日留学的热望。至于日本，表面以"亲善提携、保全东亚"为名，实则意在培养中国的亲日势力，积极推进中国学生留日事宜。这些留日学生日后对中国历史进程的推动做出了难以估量的贡献。从推翻逾两千年的王朝专制建立共和制，到五四新文化运动，清末中国留日学生界可谓是革命和文化运动的母体和中流砥柱。当然，又岂止是上述的革命和文化运动，晚清以来的留日群体对中国近代的政治、教育、学术和思想等各领域均有深远的影响。

实藤惠秀的《中国人留学日本史》（1960）一书详述了 1896 年至 1937 年留日运动的缘起和演变、留日学生就读学校的种类和课程设置、留日学界的种种政治组织和活动，以及留日学生对中国近代诸领域的贡献和影响。虽然距离初版已过去半个多世纪，但就资料之丰富、论述范围之广、所涉年代之完整而言，它依然是最重要的中国人留学日本史著。而作者作为一个在战时枵腹从公的文人，在战后深有反省和忏悔，意识和立场的衍变也在其中有充分的体现。黄福庆的《清末留日学生》（1975）一书则把视域限定在清末，详细阐明清廷与日本政治形势变化之下中国留学生在日本的一切活动，着眼于晚清留学中的事件、变化和特殊的物事。就断代留学史而言，该书取材广博，论述扎实深入，乃是继实藤的拓荒工作之后最为重要的专题研究成果。此外亦有舒新城的《近代中国留学史》（1933）、陈青之的《中国教育史》（1936）等。

　　与上述向来的史实记述有所不同，又以它们构成可能性的条件，严安生所著《灵台无计逃神矢——近代中国人留日精神史》（《日本留学精神史：近代中国知識人の軌跡》，以下简称《精神史》）一书前四章以事件为主轴，从纵向探讨驱使留学生与时代激烈的交锋、对诸种事件采取行动的驱动力到底在哪里；后两章则从衣食住行的横向反复咀嚼中日文化摩擦给留学生造成的心理冲击。作者通过比较种种不同的案例，追溯和反思清末留日学生的精神史。一般而言，"精神史"所处理的对象往往是文化精英，而严安生在充分重视对后世知识和文化走向有重大影响的留日精英之外，观照的对象亦扩及占绝大多数的普通留日群体，层层剥离留学生未经组织化、规范化的生活意识和精神态度，让"精神"这一抽象的历史现象以可见可触的方式回到历史本身。那么这种研究所开启的可能性会有哪些呢？

## "中国留学生像夜行性肉食动物一样蹑手蹑脚"

《精神史》于 1991 年在日本的岩波书店出版之后，翌年即获得大佛次郎奖。当年该奖的选考委员、著名作家安部公房（1924—1993）曾在"满洲国"度过了他的少年期，他对殖民统治生活有相当程度的了解。一定是《精神史》让他心惊胆战而又充满羞愧，他才把中国留日学生比喻成蹑手蹑脚的夜行性肉食动物的吧。何以是肉食者？因为它更凶猛、更贪婪。何以选择夜行？那是一种避敌行为，源自对生存环境的恐惧，这也是区别于昼行性动物的根本。并且相较于后者，夜行性动物还具有灵敏的感官和高度的警觉性。留日从肇兴到风气日盛，无不源于清廷朝野共同的选择"忍辱求学于仇敌之国"，以曾经的"弟子"为师，改造自身。虽然发现留日学生中出现了以推翻清王朝为目标的革命势力，清廷也没有听从"永远中止留学"的意见，而是制定出更为切实的方针鼓励留学。当时的日本社会从政府高官、军人到民间，从课堂外到课堂内，从老人到孩童，从白丁阶层到知识精英，无不表现出对中国留日学生的歧视。从 20 世纪 30 年代初就开始开展对留日学生研究的实藤惠秀后来承认，虽然他那时候已经对中国社会和中国人都有一定的接触，但对华意识与普通日人无异，"完全成了军部的一个吹鼓手。"（《中国人留学日本史·后记》）曾经在留欧时尝过歧视滋味的夏目漱石也"礼赞"清末留学生的辫子——连这样的"国民大作家"都表现出了与自己的学识身份不相符的文化失察，更何况普通日本人？日本人很难意识到普遍的歧视所造成的难以修复的巨大影响，而作为"夜行性肉食动物"的留学生则异常敏感与警觉。比如，在日本发生的事件是直接针对某个具体的中国留学生，但是留学生群体却认为是在践踏整体中国人的尊严，往往群起而攻之。尽管有少数留日学生因为忍受不了日本人的歧视愤而归国，但更多的人则带着屈辱感饥渴般地汲取知识。那种情形即如鲁迅所云："凡留学生一到日本，急于寻求的大抵是新知识。除学习日文，准备进专门的学校之外，就赴会馆，跑书店，往集会，听讲演"，接着就是改正朔、弃发辫、变衣冠……他们越是受挫，自尊心越强，越是更深入地接触日本社会，反日的民族主义思想就越激烈。这就是日本原冀为日后侵华活动培养里应外合的亲日分子，却不料出现如此众多的反日精英的最为重要的原因。

　　如果说如安部公房等知识精英因为读出了日本人那

超乎想象的丑陋和傲慢而羞愧的话，我以为《精神史》并不仅仅意在凸显留学生的悲情，毋宁说，它包含着作者对留学生这一群体更多的反思和批判。留日学生无视两国饮食差别，每每在食堂闹事，更有赌博、买春、吸食鸦片者，特别是那些搭乘留学快车而来的腐败官员、伪善士绅以及纨绔子弟构成的"渔色组"，完全荒弃学业，相率堕落者不可胜数——这些都加剧了留学生中腐败空气的扩散。这种种贪婪与上述不屈不挠地汲取新知的留学生群体形成对照，作者也毫不留情地揭示出了近代留日群体的种种丑态。

　　作为一名留学生，严安生留学的时代和环境，与清末已大为不同。改革开放之初的20世纪80年代的中国到处洋溢着尘土飞扬、热气蒸腾的氛围。他带着无比强劲的复苏的生命力去日本留学，正赶上中日关系的蜜月期。那时的日本知识分子对中国留学生友善关照，其中夹杂着更多的赎罪意识。严安生没有感受到歧视，却从中日两国的巨大差距中生出自省和不甘，进而默默地、孜孜不倦地汲取新知。他描述自己十多年的状态："孩子们是看着我的背影长大的。每当他们半夜醒来，都只能看到坐在书桌前的我的背影。"这最终成就了这部让中日读书界都反躬自省的著作。从敏感、警觉和对新知的贪婪的角度讲，严安生又何尝不是"夜行性肉食动物"系谱上的一只？

# 留日学生"日常生活"批判

如果说大阪博览会上"人类馆"事件、靖国神社内的"游就馆"体验、日俄战争现场的冲击、悬挂国旗事件、在留学生教育最前线的教室里遭到老师嘲笑，等等相当屈辱的经历，成为留日精神史的研究对象，这并不奇怪，它暗合了向来研究轻视感性、贬低日常生活的传统。作者把看似琐碎的、重复性的日常生活也拿来研究，显然是发现了日常生活中超乎寻常的活力与创造能量，以及当事人身处其中却浑然不觉的沉沦的无意识对人的伤害。而这种种脱离标准范式的现象，或许更能表现出社会的文化特征，比如闭锁的乡党意识，比如沉溺于无谓的交际而无力自拔种种普遍的留学生活模式。

因为生活习惯的差异而滋生摩擦，来自日本社会的歧视和对日本社会、日本文化的误解与蔑视，都加强了留学国人之间的连带感，形成了一个一个小小的留学生圈子，"同仇敌忾"的心理反过来又"诱惑"自身习惯和行为不断上演，这又进一步加剧了他们与日本社会的隔绝。在这种情况下，认为学习日语的必要性不大，也成为留学生的普遍意识。书中列举的黄尊三、石陶钧和宋教仁等人的日记、回忆录里均难寻觅到与日本人交往的踪迹，记述的往往是疲于乡人之间的应酬。鲁迅在致蒋抑卮的信中坦陈赴日两年后到了仙台才开始"深入彼学生社会间"的，无疑是意识到了闭锁的危害性，而刻意与留学生圈子保持疏离；周作人则提倡了解异文化必须从生活体验着手。自我设置诸多壁垒，不愿意去了解日本的语言、社会和文化，作者以为支撑这种生态持续下去的强大惰性，就是中国士人身上的乡党意识。而在表面强大的连带感背后，歧视留学生事件一发生，就有留学生喊着要罢课、要归国，接着就有反对派，于是留日学界不断上演"上课与罢课""返国与不返国"两派之间的倾轧，当然，"满汉相克"的情形始终存在。

而以杨昌济、鲁迅等为代表的"勤学组"中的"好学深思组"则成天泡在教室，也不被束缚在课堂上死抠课本。他们带着"卧薪尝胆之遗风"，广泛寻求并传播知识，学了日文不久就急于译介、办报，致力于"民智启蒙"和"文明输入"。这一留日群体最大的快乐，就是书籍寻猎。许寿裳描述，鲁迅极少出门旅行和游览，东京留学七年间仅有两次，但遍览了书店。"勤学组"中的"厕身庄岳组"对知识的渴求不亚于上述群体，但大多以"要成为有第二个夫人或者第三个夫人的人"为目标。如果从倒清革命和革命后对日交涉的角度来看，这些人大多没能成为推动历史前进的动力。

作者对留学生日常生活的描述少有批判，但这种对照性的春秋笔法则表明他并非止于情绪的抒发，而是将日常生活对留学生精神文化的控制纳入历史的脉络，从学理上考察日常生活与历史进程之间的互动。至于哪种日常生活值得推许，如何从沉沦的日常生活无意识中逃脱出来，作者不作批判，没有警告，而是在叙述中提示了最好的方式。

## 海浪的节奏

《精神史》回溯汉代刘熙的《释名》对"海"的描述时写道："海，晦也，其色黑而晦也。"对于古老的大陆文明来说，海一向神秘幽晦，历代王朝在国家经营的层面从来不具有挑战海洋的格局和意识，而为了抵御游牧民族却能修筑起雄伟的万里长城。自明代倭寇来犯，王朝政权除了施行海禁以外一筹莫展。到了古老的中国被抛入"海禁大开"的时代，福建水师在 1884 年的中法战争中全军覆没，清廷本想重建海军力量，军费却被用来建造颐和园为慈禧祝寿，结果甲午之役中北洋舰队葬身鱼腹，偌大的中华成了无海军的国家。时人不由得感慨"神州无限伤心事，总觉重洋是祸根"。《精神史》从"大海"这一视点出发来谈对国人精神的影响，并且基本以时人所作的古体诗为分析对象，梳理了蹈海而死的留学生、留学生诗作中对海的憎恨、畏惧与挑战，还厘清了赴日留学生面对海洋所呈现的期待与兴奋的精神谱系。这种"以诗证史"的功夫，如果学养不深，很难达到研

究的目的。在为了"济世穷"的求道之旅上，作者用
"掉头东"的意象把从梁启超一直到周恩来的气概与志向
连在了一起；通过比较留洋之际的秋瑾和森鸥外诗作中
的大海形象，点出了迟一步被海洋时代催醒的海洋意识
先觉者阶层的兴奋与焦虑。而第一代与第二代留学生之
间对大海由恐惧到喜爱的态度转变，也被作者敏锐地捕
捉到了。

如果说作者引入"大海"这一观察视角比较独特，
那么再加上他通过对故事的多重叙述，叙事不断回旋，
以衍生的多条枝蔓形式补充和颠覆正史，我以为这种叙
事就如层层叠加又消散开来的海浪，因此可以称之为
"海浪的节奏"。比如作者对在推进赴日留学事宜上清廷
矛盾的态度和反复的过程，描述得相当清晰。清廷为建
设近代国家的苦心孤诣得到了相当程度的体现，改变了
向来清廷与留学生处处为敌的"反革命"形象。关于日
本政府因 1905 年颁布《取缔规则》引发留学生罢课事
件，作者也没有停留在陈天华蹈海自杀的悲情上，而是
关联到很多历史背景，比如留日学生人数骤增，日本教
育制度混乱，以牟利为目的的日本"学店"林立，留日
学生无人管束，为整顿学校、管理留学生起见，才有
《取缔规则》的颁布，而其间又伴随着日本政府针对清廷
和留学生的两面派伎俩、留日学界对规则的理解和误读，
为此而不断分化、对立和斗争，各个层面都剥离得很清
楚。在梳理留学生派遣史的过程中，还穿插种种派遣留

学生的乱象，也弥补了正史的不足。比如河南武备学堂的校长将一百二十名学生按照反抗自己的顺序排列，授予靠前的五十人以官费，将其打发到日本留学，这种"惩罚"恰好是志向远大的学生求之不得的。同样的趣事甚至发生在张之洞身上。他对参加集会的武汉武备学堂的学生加以区分，过激派远去欧洲，稳健派则前往日本，统统送去留学。再比如，"捐官留学"（向政府捐金成为官吏后获得士官留学资格）本是清廷体制腐败的表征，但利用这样的体制漏洞，革命党人开始策划实施将同志送入日本的士官学校，继而打入清廷新军内部，成为清廷的掘墓人。当然，这里只是举几个孤例，这种叙事风格是贯穿始终的。作者挖掘出片断的历史记录，将立场各异、利害有别的各种相关史事加以联络贯通，以求史事的生成推衍及内在关联，故能呈现出留日学界复杂多歧的面相，揭示出二律背反的精神剧的原理，清晰地阐明中国人"轻日""师日""仇日""知日"的过程和渊源。

大佛次郎奖是日本非小说文艺类的最高奖，它首次授予非日本境内的外国学者，其中一个理由是，该书阐述了近代中国留学生与日本人接触方式等问题，触发了日本人对自身制度与文化的反思。评委之一的有马朗人赞道："于近日仍极有参考价值，是我们日本人的反思教材。"安部公房则说："看了严氏之书才明白，我们日本人的丑陋和傲慢，远远超过了我们自己的想象。"作为中国人，深植于严氏心中的忧国意识又促使他不断反复思考中国为什么落后这一命题，既是在回应时代的焦虑，也是在回应世纪的焦虑，对于当今的中国社会仍具有现实意义。我在翻译完整本书之后，仍能深切地感受到当年严先生身上那沉重的"十字架"——那负荷源自晚清留日学生因小脚、辫子、衣着而导致的精神上的疾患、创伤，源自历史性的屈辱所赋予他的内在动力。这也就是他不惜牺牲自己与研究对象的距离，打破这一研究禁忌，将自己与当时的留学生融为一体的原因吧。

该书日文版已再版五次，并于 2005 年被译成韩文，由韩国一潮阁出版社出版。遗憾的是，这部追问中国人自身的历史和自我认知问题的著作，这部唯一一部研究留日学生精神史的著作，此前却无中译本。现在，当我们面对繁复难辨的中日关系时，当更多的中国学生赴日留学时，它仍然不过时，我们仍然需要它。我在不揣浅陋试图弥补这一遗憾的同时，又不揣浅陋地与读者诸君分享自己的心得。若未能充分理解和阐释清楚，纯粹为后学之肤浅的学术功底所致。至于作者严安生，作为学者，他的功绩在于：凭借一手资料的扎实的实证研究，把中国的日本研究水准从单纯的日本概论、日本地域理解的面相提升到了"人文学"的水准。而作为一名教育者，他积累逾五十年的教育经验，培养了众多日本学研究者、中国各所大学的日语教师、政府机关的对日交流工作者。为了表彰他对促进中日友好事业有所功劳，并有显著功绩，日本政府于 2015 年 6 月授予他"旭日中绶章"。对于这位名扬东瀛而本国学界颇感陌生的学者，我想，是到了我们阅读他的时候了。

（为拙译《灵台无计逃神矢——近代中国人留日精神史》，生活·读书·新知三联书店 2018 年版的"译后记"。原载《读书》2017 年第 7 期）

# 柄谷行人：移动的文学批评

　　作为一部让柄谷行人蜚声国际的著作，《日本现代文学的起源》（以下简称《起源》）的里程碑意义在于：它揭示了现代文学作为制度或曰装置的事实，起源、现代、文学、国家等术语隐藏着的不易觉察的意识形态建构遭到了曝光。它让日本看到自身文学制度与扩张期帝国政治社会制度的紧密缠绕；同时对西方学界也是一次重大的理论干预，对由西方制造、影响西方乃至全球意识的"现代"概念提出了根本质疑；也迫使中韩等东亚诸国学界重新思考我们的现代性概念背后的预设与强制因素，反思我们身处其中的知识制度。随着 20 世纪 70 年代日本社会不断后现代化，尤其是 1989 年东西方冷战的结束，柄谷行人围绕后现代主体之"无根性"进行一系列的哲学考察，《马克思，其可能性的中心》（1978）、《内省与溯行》（1985）、《作为隐喻的建筑》（1983）、《语言·数·货币》（1983）、《探究Ⅰ》（1986）、《探究Ⅱ》（1989）等考察成果试图反复打破理性的、有秩序的结构体，阐明人类无法拥有任何完全坚固的"知"（"知"在日语中包含知识、智慧两种含义）的真相，提炼出挑战秩序的"他者”，直面由自我与他者之间的视差所暴露的现实。这位对后现代政治情势持批判态度的思想家，吊诡地成了后现代思想家的代表。1989 年之后，柄谷走向康德，从批判与怀疑走向积极的理念建构。在新左翼活动家和知识分子伴随“五五年体制”——自 1955 年出现的一种政治格局，即长期维持自民党为执政党、社会党为最大在野党的稳定两党政治状态——的崩塌而右转的 20 世纪末，柄谷独创出批判资本主义制度的“资本—民族—国家”三位一体说；与此同时，他对纯粹的学院左翼也充满警惕，提出从“交换模式”出发，主张从消费领域抵抗资本主义世界市场的统合。

　　然而柄谷行人并不曾堕入文字与概念的游戏。早在 1960 年，他就以学生的身份，参加了第一次的安保运动。他将“Association”作为对抗理念，于 2000 年组织“NAM”（New Associationist Movement）运动，以区域性生产和消费对抗大财团资本。2011 年，东日本发生大地震，柄谷发表了一篇《站在震后的废墟之上》，后又走上街头，参加反核游行。伴随着一系列极富探索意义的社会实践，柄谷行人作为行动着的思想家、哲学家的面目越发清晰，差点儿让我们忘记他还是一位文学批评家。哪怕是那本冠有“文学”之名的成名作，也应归为思想史一类吧，更何况柄谷本人多次声明要远离文学。

　　事实上，柄谷的学问生涯并没有离开过文学。就像当日本出现了“马克思送葬派”时，柄谷开始重返马克思；在意识到文学的终结时，他去探讨文学的起源；在文艺批评"已死"的情境下，他以文艺批评家的身份亮相。从1972年《畏惧的人》到2021年新出炉的《柄谷行人对话篇：1　1970—1983》，他已经出版了近二十种文学批评著作。其中岩波书店2016年出版的《定本　柄谷行人文学论集》（以下简称《文学论集》）涵盖了柄谷自起步阶段以来的大半文学批评生涯，柄谷语言风格、方法论和思想的演变清晰可见。由于该书的第一部分收录了柄谷的硕士论文《〈亚历山大四重奏〉的辩证法》（1967）、获奖论文《漱石试论——意识与自然》（1969）以及20世纪70年代的四篇论文，可以说该书成为解开柄谷思想原点最权威的版本。第二部分收录作者自1985年至2005年的文艺批评六篇。该书拔除各种思想预设的"文本先行"的解读方式，通过对达莱尔、莎士比亚、森鸥外、夏目漱石、二叶亭四迷、坂口安吾、岛尾敏雄和中上健次等人的文本解读，得出一些"可能性的中心"，与柄谷同时代的其他思想哲学著作构成了互文性，也与他不同时期的相关论述形成了参差对照。他的批评生涯并不存在所谓的"转向"，但貌似有一个从"早期柄谷"到"后期柄谷"的转变，而这如果用"移动"来概括更合适。这与柄谷在20世纪90年代末期提出的批评方法——"跨越性批判"（transcritic）更吻合，这个词包含"超越"（transcendental）与"横断"（transversal）两义，这种强调结构的纵向的"超越式批判"与强调解构的横向的"横断式批判"几乎跨越了柄谷的整个学术生涯，在其思想出发的原点即已显露端倪。不曾阅读过柄谷的读者，不妨从《文学论集》出发，再向他的其他著作迈进。

## 《起源》的起源

《文学论集》不注重文学史分期，也不谈派别流变，并且结构松散，但每一个叙述对象的选取，都意味着柄谷对一种封闭的"内面"结构的拒斥。能够发挥这种拒斥作用的，就是柄谷选择的文艺复兴式文学。现代文学的特性是内部性，要排斥现代内部性的形态，柄谷从夏目漱石的身上发现了这种可能性。夏目漱石对英国文学的选择和多样性文体的尝试，是对当时垄断日本文坛的法国文学地位的挑战。柄谷以夏目漱石为例，表明其对文学史线性进程观念的否定。据此就能够明白柄谷选择英文学/达莱尔作为硕士论文研究对象的理由了。因此，尽管此书以柄谷的硕士论文开篇，它仍然是在夏目漱石研究的延长线上。不用说，后来的《意义这种病——麦克白论》也是在"漱石研究"的延长线上思考完成的。而本书的终篇"文学之衰灭"，同样以夏目漱石为中心，是《起源》一书中"文类之死灭"的延伸。《起源》以"漱石始，以漱石终"，因此柄谷在一次访谈中声称《起源》写的就是一种"漱石论"。在这种意义上，如果说《文学论集》的前半部是《起源》的起源，也不为过。

柄谷早期的文学批评之所以值得关注，在于他回应了时代的提问。站在"二战"废墟上的日本在美国的扶植下，经济获得了高速发展，社会上洋溢着将"理想"（既是社会主义的，同时拥有美国式的物质富裕）化为现实的高昂气氛。嗣后的20世纪70年代初，随着联合赤军事件的爆发（先是联合赤军在山岳基地发生集团性的滥施死刑与杀人，后是联合赤军在浅间山庄与警方机动队发生枪击战），新左翼运动以悲剧告终，曾经在个体的实存中发挥着强劲功效的意识形态退潮，丧失了维系实存之基础的社会语境，人们感到迷惘无助。日本的社会学家见田宗介描述那一时期日本人的生活被赋予的特征，是"到处漂浮游荡着那种替现实'除臭'的'虚构'的言说、表现及生活的技法"（见田宗介：《现代日本的感觉与思想》）。《漱石试论——意识与自然》《意义这种病——麦克白论》都是对"伦理问题"与"存在问题"乖离的回应。他从存在论视角阅读夏目漱石的小说的同时，超越存在论的地方是：在辨析到自我（主体）与世界（客体）的二分对抗时，柄谷感受到了"他者"的威胁。因此他试图讨论，造成所谓"自然"与"规范"之差异的背后，存在怎样的制度性因素及其随意性。到了1975年，柄谷又继续深化这个课题，出版了第二部文学评论集《意义这种病》，指出存在问题脱离伦理问题，不断威胁主体成为一种"疾病"。柄谷执着于根源性问题的探讨，引入三角关系、迟到、替换等概念，来解构制度性因素。

柄谷在清理"源头"时发现了诸多的颠倒、混乱，然而他又始终去探究是否"有一个实存的自我"。这同样源自存在主义的思维方式，以及夏目漱石给他的灵感。夏目漱石从小被父母送到他人处抚养，柄谷从他对养父母的情感体验那里看到了"源头"的非自然。从《道草》的开篇"健三从遥远的地方归来"那一句中，柄谷就读出了"我从哪里来，我是谁，我要到哪里去"的追问。当健三得知自己的"源头"是被赋予了意义的时候，他发觉这个"意义"是"毫无理由地生存着的存在感"，意义世界坍塌了，那个非自然的"源头"仍然在给健三带来无穷无尽的麻烦。在《道草》里，他说："一个人的出生，必须换取另一个人的死亡"；在《关于历史——武田泰淳》里，柄谷认为死亡的本质是从生者的结构中剥离出来，使某种关系体系变为另一种关系体系——这些思考都具有结构主义的特征。如果说这个时候柄谷还在结构主义与解构主义之间徘徊，到了《起源》里，他不再那么犹豫了：对风景、"言文一致"的语言政策，内心、告白、疾病、儿童、宗教等一切完整史观的范畴——加以解构。由于权力保证了所有的"不合法"，当这些"不合法"被合法化之后，那些使它们变得不合法的源头却被遗忘或者遮盖了。柄谷重拾记忆，解构过程令人有披荆斩棘之快。

# "让想象力取得权力"

　　进入 1984 年之后，尽管日本社会的后现代化在加剧，人们仍然因存在与社会之间的绝对性乖离而备受折磨，然而"意义这种病"似乎不再能够困扰柄谷行人了。他放弃了构筑体系的企图，舍弃其批评中的内面性，回到对外在世界的关心，开始强调世俗批评的意义，于是有了跨越十年的理论探索成果《探究Ⅰ》《探究Ⅱ》和《探究Ⅲ》。在《柄谷行人谈政治》一书中，柄谷说自己的转变与当时日本流行的法国哲学风潮有关。法国哲学风潮之所以流行，是因为法国的现代思想是一种政治挫折的表现——现实中无法实现，于是就转到观念世界中革命。柄谷还引用 1968 年巴黎"五月革命"时变成标语的厕所涂鸦"让想象力取得权力"，来表明因为现实的挫败，而将希望寄托于语言的力量。这看似是消极退隐，实则是另一种形式的野心。柄谷所追随的马克思曾经这样说过："哲学家们并没有改变世界，他们只是改变了对世界的解释而已"，而法国的思想家对此加以引申认为：如果改变了对世界的解释，那么世界也会跟着改变。故如何解读"文本"就成了一件有意义的重要事情。《文学论集》中收录的 1985 年之后的文学批评，就是从语言论和风格论的视角来考察的。

　　因为政治上的挫折和无力感从而转向观念论，这种例子在日本近代史上并不鲜见。如冈仓天心与和辻哲郎的东洋美学，作为黑格尔历史哲学的"转世"，由此导致了"近代的超克"（战时助长"大东亚思想"形成的京都学派和日本浪漫派）的诞生。柄谷行人反省，他一直误以为对"近代的超克"论持批判态度的坂口安吾的《日本文化私观》写于战后，不敢相信竟然有人在战时就有如此具有破坏力的思想和彻底的反思批判。柄谷引出"文学的故乡"来解读坂口安吾，他认为在坂口安吾那里，文学不属于任何秩序，它意味着用文字来表达崇高和恐怖，因为无论崇高还是恐怖都难以接近，但同时又令人怀念，灵魂不可避免地被吸引回到那里，那种"文学的故乡"是暴露在他者面前、遭到他者抛弃的，最后又是悦纳异己的。坂口安吾的"故乡"与欧洲浪漫派的"故乡"不同，与海德格尔的"故乡"完全异质，后者的"故乡"就是母语（mother tongue），不包含任何异己的成分，故而能够与法西斯保持同调。至于坂口安吾的佛教徒经历会引起柄谷的注意，那是因为坂口安吾以其不屈不挠的进取心试图去寻找幻影般的过去，结果并没有成为一名僧侣。而那些试图在佛教艺术中寻找到"东方"精髓的人，从冈仓天心到和辻哲郎，只是在"虚无之地"（西田几多郎语）的国家发现了佛教雕像和寺庙建筑的褪色之美，本着"虚无原则"吸收了西方。那本来是虚幻的中世纪的古堡，没有活的精神，然而在他们眼里却成了乡愁的换喻，而这些以文化同一性为基础的无关政治的美的东西，恰恰是坂口安吾所要摒弃的。坂口安吾吸引柄谷的地方还在于，在柄谷眼里的坂口安吾是个小说家，但其作品有哲学、历史、心理学等，柄谷将其统称为"文学"。所以当他说文学终结的时候，不要以为那就是我们也经常喊的"文学已死"，他指的只是作为制度/装置的"现代文学"。柄谷说他依然对文学充满信心，指的是任何勇于打破秩序框架的东西，是那种打破使我们认为某种东西就是"文学"的认知结构，是反抗现代文学制度的形式，比如夏目漱石和坂口安吾多样化的文体，比如森鸥外那奇特的"史料体"小说，比如二叶亭四迷那"始终想保持自己国家语言的偶然状态"的硬译，又比如武田泰淳，像索绪尔对待语言学那样把历史放到空间中来理解的《史记》，再比如中上健次的"物语"，等等。

至于生于战后的中上健次，他与柄谷本书所涉的其他对象都不同，是曾经与柄谷并肩作战的战友。中上健次出生于受歧视迫害的部落，成年后一边从事货物装卸工作，一边写作，在柄谷的推荐下开始阅读福克纳。中上健次自此以同样被歧视的部落"小巷"为舞台，创作了与福克纳南方小镇小说声息相通的系列小说，成了"日本的福克纳"。柄谷从中上健次那里感受到知性的冲击力，为了召开支持中上健次的集会，而开始创办《批评空间》杂志。他变得非常实践化，意欲从文本中寻找

"第三条道路"。就在他与现实激烈地短兵相接的时候，中上健次病逝。这给他带来极大的震动。在他看来，"中上健次之死象征着作为总体的现代文学之死，那已经不再是另一种可能性。只能是终焉"。他因而宣布自己与文学的缘分已尽。据说，中上健次的笔迹过度饱和，每个字看起来都像随时会"爆炸"。他代表日本近现代史上被歧视的"部落"格斗着，他登上历史舞台，被柄谷作为"事件"，与坂口安吾一齐被置放在日本充满惰性的知性传统的对立面。正是在这个意义上，柄谷才哀痛至深。

## 感受他者的疼痛

柄谷行人近乎执拗地去寻找被排除的偶然性，并且向各式各样的偶然性开放，拒绝被绝对的权力绑架，反抗不合理——包含着在与他者的遭遇中恢复自身意义的行为，而自身意义的恢复，用柄谷的话说，"是以在无神的世界作为神的代理的他者为前提的伦理行为"。(《意义这种病——麦克白论》)借用柄谷在《文学论集》中对坂口安吾的评价，可以说柄谷同样把具有他者视野的"伦理"放置在了他全部思考的根本之处，并且从这个核心位置生出了多姿多彩的认知。仍然借用柄谷的思维模式——他探讨了"马克思，其可能性的中心""安吾，其可能性的中心"——可以称那个核心为"柄谷，其可能性的中心"。

柄谷的硕士论文，反复强调艺术通过面对他者、自我否定来实现自我的维持。作为本书关键词的"自然"，皆因他者视线的注视，合目的性的预期遭到了打破。这在夏目漱石那里表现为存在论的不安；在坂口安吾那里成了令人战栗的故乡；也成就了森鸥外面对史料时的随心所欲。柄谷也会用拒斥自我的"现实"来指代他者，并且说那就是康德所谓的"物自体"。到了 20 世纪 90 年代末，柄谷在他的演讲"作为他者的物自体"中，又进一步阐释说，物自体是自由而主观的他者，"对我们来说他者始终是一种不透明的状态，这个不透明性就是他者的他者性"。因此他者不是理性认知的对象，而是关乎实践性的伦理。于是柄谷将康德的认知与罗素的提问关联起来去思考：我们如何才能感知他者的疼痛呢？柄谷这时援引了维特根斯坦的实用主义。维特根斯坦说，当有人被火烫伤时，在问自己是否能感知他者的疼痛之前，我们就先跑过去帮他。因此，感知他者首先是一种实践性的伦理问题。到了柄谷写《伦理 21》的 21 世纪初期，他再次将康德与马克思作了联结，强调"伦理"乃主体/他者关系，更是自由与实践。康德所说的不只把他人视为手段，也要把他人视为目的被柄谷反复引用，指出前者扣合结构主义体观，后者则是解构主义的左翼出路。哪怕自由意志不存在，它只是结构的产物，只要把自己当作自由意志的主体，去承担选择的后果，那么我们就是自由的。经由柄谷对康德和维特根斯坦实践伦理的推衍，感知他人的疼痛就转为实践的方针了。再回到柄谷思想的源点。他那时更着眼于理解强迫人的结构性之物的无法穿透性。森鸥外所要拒绝的，就是对事件持穿透性的观点。柄谷继而谈到马克思颠覆黑格尔的意义，以为并不在于用唯物论代替了唯心论，马克思否定的恰恰是黑格尔对历史的穿透性理解。柄谷认为，那种结构性的东西不为肉眼所见，只是作为束缚人的力量暧昧地呈现出来，人们却无所知。人们的确很无知，但是谁又能逃脱无知呢？

然而我们知道，自由只存在于我们的行动中——这是柄谷给我们的启示。

在中央编译出版社寻找本书的译者时，2018 年该社出版的五卷本"柄谷行人文集"的主编赵京华教授嘱咐由我来翻译。我怀着对柄谷行人的无限好奇，诚惶诚恐了三十秒，就下定决心接受这个挑战。因为在此前对柄谷的阅读中，我就在似懂非懂之间享受着巨大的知识的冲击。那种冲击，虽然无法用语言清晰地描述，但我以为它比"非懂"的那一部分更有价值。为什么阅读柄谷行人？在我这里已经不再是个问题。我想我要学会破除自己思维的惰性去思考，当不同学科的形式主义取代了对现象的认知时，我们应该如何挑战与突破它所设定的框架。翻译完这本书，我感觉自己伫立在一片思想的废墟，同时又仿佛获得了一股神奇的力量。

我翻译此书时的年龄，远远超过了柄谷思想形成的起点的年龄。然而毫无疑问，他是个了不起的天才。他一出道就像一个玩杂技的高手，构思展开的方式非常惊险，招招打破常规，最后总能平稳落地。被惊出一身冷汗的我唯有一遍又一遍地品味咀嚼。他的语言，字斟句炼，精赅而又蕴藉。翻译过程中每每对含义把握不了之时，我就去请教好友陈朝辉。他从来都不吝啬自己的时间，耐心讲解。在去年5月全部翻译完毕后，赵京华教授和刘晓丽教授分别帮我进行了校对。他们以各自的专业优势给了我诸多指教，这是我将始终铭记在心的。因为身边有这样踏实、温暖而又乐于无私奉献的前辈、同道人，我才有勇气将拙译分享给中国学界关注柄谷的读者。在等待出版的一年间，我又反复多次阅读和修改了译文，我怕把握不了柄谷的思想。本想草草地写一篇译后记交差了事的，然而每当这样想的时候，我的脑海里就浮现出好友葛东升在看了一本妙趣横生的书之后，却因为译后记写得特别糟糕而气愤地将其撕下来揉成纸团扔掉的那个画面。为了我的译后记不被撕掉，于是我一次又一次地去接近柄谷行人。

我想现在，我可以暂时离开柄谷先生，休息片刻了。

2021年6月28日

（为拙译《定本　柄谷行人文学论集》，中央编译出版社2021年版的"译后记"。原载《读书》2021年第9期）

VII

聆　听

# 说说日本、战争，还有"AV"
## ——刘大先、陈言对谈

　　我和中国社会科学院民族文学研究所的刘大先受暨南大学赵静蓉教授的邀请，于 2013 年 12 月 21 日参加由她召集的"文化·记忆·历史"青年学者研讨会。追求完美的赵静蓉教授为了让会议论文集个性突出、内容丰富，提出让与会者两两对谈。于是有了我与刘大先的这番对谈。

　　**刘大先：**因为中日之间历史的纠缠，研究现代中日文化比较，在客观的历史材料爬梳中，难免会夹杂个人的情绪，当然任何一种研究都不可能排除主观的因素，你能否首先谈谈自己在日本留学期间的一些个人化的体验和记忆，也就是说日本文化从总体印象上给你的感受。这种亲身经历与曾经接受过的教育中的日本间接经验之间有何差异？它们对于你的研究和翻译有无作用？你翻译过大江健三郎和奈良本辰也的作品，请简单谈谈对他们的评价吧。

　　**陈言：**在日本旅行和留学期间，我穿行在学院与街

头、都市与乡间、游行队伍与酒肆书坊之间，从关东到
关西，从冲绳到本州岛的北端，我领承着日本人始终不
渝的礼貌、微笑和帮助，并以笑颜回报。日本人总体上
看起来姿态优雅、自然、柔和，保持着淳朴的恭敬和雍
容的沉静，人与自然和谐相处的理想境界随时随地可以
体会到，外来公民也无一例外地去享受成熟的公民社会
的秩序所带来的安定感。我曾经在文章中引用 18 世纪初
西人肯佩尔（Kaempfer）的盛赞，称日本人"在美德的
实践方面，在生活的纯洁方面和对周围世界的热爱方面，
都远胜于基督徒"。我沉浸在自然风光和人情美之中，这
些对我从小就积累的情感体验的确具有颠覆作用。历史
教科书中的日本形象太暴戾、太单薄，它无法涵盖复杂
多样的日本。

　　不过，我要补充的是，上述种种美好的体验也不是
我全部的日本体验。比如在"八一五"终战日这一天，
你就会发现，日本人排着长长的参拜的队伍，很多日本
人叫嚣着皇国精神，不断地向周围人分发日本国旗，那
种场面是令人恐惧的。日本的名胜，如枯山水的代表庭
园龙安寺，里面也筑有纪念"二战"期间死去的战友的
石碑和高塔，残暴与优雅交融，美丽与丑恶并存，那种
违和感尤其强烈。作为一个研究者，我也有特别的体验。
我上课的课堂上基本上是中日两国学生，由于各自对日
本殖民史的叙述不一，矛盾不可避免，但是大家都不约
而同地维持着个人情谊，对"敏感问题"并不展开深入

讨论。至于在文章中怎么写，那是个人选择。对日本侵略战争的责任认知以及日本人的暧昧，我也感受颇深。日本，在我的认知中是复数的日本，出于研究者的本能，我拒绝任何简单化，拒绝作预设。我想这种认知无论是对我的翻译还是研究，都起到了很好的作用。

大江健三郎是学者式的作家，奈良本辰也是作家兼历史学家，他们二位都以边缘写作姿态来对抗强权，都疾恶如仇，都对底层、边缘有深沉的热爱。我翻译大江的作品，并不仅仅因为他头顶上有诺贝尔文学奖的光环，也不仅仅因为他那丰富的想象力，主要在于他沉潜到历史场域，其后又义无反顾的行动。他对于包括日本在内的帝国的批判、对于帝国边陲弱势群体的思考、对于日本天皇制体制、对于核时代的思考在中国并没有被充分认知，更谈不上将其转化为政治实践的现实能量了。我想他的创作中隐含着一个核心概念，那就是政治。他的基本政治主张概括起来，那就是以一种真正的政治生活的复归来抵御社会的强权以及日本社会右倾化的危险。奈良本辰也为抗拒日本的学院体制、抗议日本的和平与民主流于形式，辞去大学教职，成立工作室，坚持"在野历史"学者的立场，被称为"行动的历史学家"。他一生著作等身，对日本近代史的研究贡献卓著。

**刘大先：**时至今日，中国人的"日本经验"也依然包含着近代以来的创伤记忆，比如甲午战争、抗日救亡，这种历史记忆也延及当下的现实，体现在关于南京大屠杀、参拜靖国神社、钓鱼岛问题等由媒体渲染的各种夹杂民族主义情绪的言论中。你认为如何让过去成为照亮当下和未来的功能性存在，中日双方应该清算的历史教训和遗产分别是什么？这个问题比较大，你可以择其要者，提炼出提纲挈领的几点。

**陈言**：南京大屠杀、靖国、钓鱼岛等问题都是日本近代以来在推进其殖民化过程中导致和遗留下来的。对于中国民众而言，这不仅仅是"南京"问题、"岛"的问题，而是日本侵略和殖民地支配的起点的象征，而且在战后日本并没有很好地去解决战争责任问题，这一点日本必须有明确的意识和认知。就学术研究而言，日本侵华史的研究学术成果多，而且颇有分量，但是它很难转化成日本政府的外交决策，也很难参与到历史教科书的编纂。这样，日本人从小因无法接触历史真相而漠视历史与现实中周边国家的诉求，日本政府往往为了国家利益避而不谈历史问题。从共生的历史走来，我们有共同来做历史善后工作的必要。中国学界应该大力推进历史研究，一方面梳理本身在那段历史中的不足，另一方面深化日本的战争责任，以便在中日对话中争取更大的主动权。

除了认真处理各自的历史遗产，中日之间必须有一个基本共识，即从地缘政治的角度而言，两国在经济上已经构筑了无法切断的关系，并且将来这种关系的重要性只会增加而不会减弱，如果能够成为共筑地区和平与繁荣的友好伙伴，将会是双赢的局面。

**刘大先：**"满洲国"是个特殊的历史地理概念，涉及东北亚地缘政治在近代的复杂变迁，也成为中国现代文学研究中一个敏感的话题，曾经一度成为很难触碰的领域，近些年来也出现了一些研究成果，但终归处于较为边缘的位置。这是一个凝结着不同人群有着差异的记忆的地理、文化、历史概念，如果将"满洲国文学"放诸中日文化比较的视野之中，作为一个中国学者，你会如何界定它的历史地位和意义？在"中国现代文学"的框架之内，又如何给它定位？

**陈言：**"满洲国"是一个畸形的存在，它是由日本人扶持建立的所谓殖民"国家"，是日本的军事入侵和政治统治的产物，所以"满洲国文学"必然具有"跨文化"的形态特征，它是比较文学研究中的一个新课题。相互纠葛的中日关系在某种程度上曾经是文学研究中的障碍，使得研究对象的面目极为粗糙，难以呈现历史的真实性和学术的可靠性。考察事实和梳理关系，对史料进行挖掘和重新思考，比较系统地揭示战争时期中国文化和文学与日本的历史联系和各自的民族特征，阐明构造各种联系的文化的内在运行机制，从而使自己的研究模式在比较文学的一般研究中具有普遍性意义，则会使"满洲国文学"变得丰富、多元和生动，它是我的研究所追求的目标。

将"满洲国文学"纳入研究视野，是中国现代文学研究工作的扩展和深入。从 1931 年日本侵略中国到 1945 年战争结束，这段时期中日两国的文学总体上处于"抗战文学"与"侵华文学"对峙的状态。"抗战文学"是中国现代文学在抗战阶段最主要的文学样式，但是，如果我们不对"满洲国文学"以及其他沦陷区文学进行整理、研究，抗战文学就缺少了作为对照和衬托的强有力的背景。将"满洲国文学"以及其他沦陷区文学纳入现代文学史，并且如果在方法论层面上能够冲破既有的现代文学史叙事，将会改变现代文学史写作的架构，在为现代文学及其背后的民族国家观念建立起一个共时的参照系的同时，重新估定现代文学经验。目前，我国学界虽然在沦陷区文学研究方面取得不少成果，但对一般史实的描述和资料的整理都不够深入，更不用提"意义"或"思想"的阐释与总结了。

**刘大先**：中国现代文学史中有一些曾经的"缺席者"，比如你熟悉的梅娘，你觉得她的写作除了从女性文学意义上来说，有没有留存一部分值得发掘的历史记忆？穆儒丐、柳龙光这些旗人的后裔所进行的新闻、传播、文学活动与实践，是否可以称为一种"遗民文学"，他们又留下了什么样的遗产？

**陈言：** 从抗战胜利之初到20世纪80年代初的很长一段历史时期内，包括梅娘在内的沦陷区作家被看成是"汉奸文人"而被打入另册。20世纪80年代之后，重新复出写作的梅娘由于对自身及其家族的历史叙事多有辩解、粉饰，而且对其沦陷时期的作品进行改写，以至于被一些人视为说谎者而对其不屑一顾。梅娘是一个复杂的存在，她改写自身历史、改写此前作品都是事实，然而我以为梅娘一生中最辉煌的事，就是"文革"期间，在她的帮助下，遇罗克批判姚文元的文章得以面世。深谙文字狱之苦的梅娘认识到乱世中遇罗克文章的价值，也很清楚文章面世的后果，但豁出命的遇罗克渴望梅娘帮助他推荐发表。那时候的梅娘没有像大多数知识分子那样自觉地接受"改造"，她有清醒的历史意识。如果不是遇罗克的遗族著文撰写梅娘在"文革"期间与遇罗克一家的患难之交，如果不是学者丁东的深入挖掘，恐怕这段历史也湮没无闻了。

如果谈到梅娘沦陷时期的写作，那更是复杂多样。梅娘自幼生活在多重文化体验的殖民环境中，她身上体现出多层矛盾的民族和文化认同。然而，作为一个进行文学创作的同时大量翻译日本文学的多面手，她的文字活动，比如她在《大同报》上发表的作品，特别是《女难》等小说，以及她翻译的久米正雄的《白兰之歌》、小田岳夫等人的《满洲纪行》等，触及了日本殖民的结构及其结构性矛盾，这些作品表现出梅娘写作的政治意味。"大陆移民""五族协和"的理念以及"满洲国"都是日本发动侵略战争的产物。这本来是"满洲国"的中国作家必然面临的思考。然而，或强或弱的民族意识压制了沦陷区的中国作家的思考与表现，从而使得中国文学史上对这一重大历史事件呈现空白化的态势。梅娘的写作在一定程度上弥补了这一缺憾。总体而言，她的沦陷区经历和她的创作在"隐蔽"与"告发"日本殖民历史之间摇摆，而这何尝又不是沦陷区中国人艰难的伦理处境的体现？揭示梅娘的精神世界，有助于我们去面对殖民伤痕；相反，对其置之不理甚至是抹去沦陷区知识分子精神上的殖民伤痕，只会掩盖殖民统治对人精神虐杀的事实，这对我们处理当下的中日关系无法提供有效的思考。

　　我对穆儒丐并不熟悉，可以谈谈柳龙光。严格来说，柳龙光与那些积极配合日本政府、企图借助日本之力来恢复清政府统治的遗族不同，他对自己的身份认同并不强烈，但又不能说没有，或者说这种身份影响是隐性的。或许正因为如此，他在种种配合日本殖民的活动中鲜有道德上的不安。但我以为，他在与日本人打交道的过程中，是以中国人的身份面貌出现的，这一身份特征也反映在他的创作中。把柳龙光纳入研究对象，并非是为了填补历史空白。如果非要用"遗产"这个词，那柳龙光这个"遗产"不是躺在那里等着我们拿来随便使用的，他的价值有待我们去挖掘。从中日文学文化交流的角度讲，说柳龙光在日本占领时期扮演了最为重要的文化中介作用，这并不为过。在他的推动之下各种文学门类（包括战争文学以及大量的日本古典文学和欧美文学）的译介带动了东亚文化间的流转与互动，客观上对日本占领区读者的阅读品位和知识结构的形塑发挥了一定的作用，这是在与敌性文化接触之后带来的变化，战时的中日文化交流并非全是负面的和消极的，这是我们重新审视沦陷区文化时所应注意的。柳龙光的文化言动既有对殖民政策的积极响应，也有爱国情怀的自然流露，媚日与爱国并存，他的民族认同在忠/奸、正/邪、友/敌之间交叉穿梭、流动，鲜有对自身伦理困境的质疑，这是我们考察沦陷区中国知识分子民族认同的另类样本。

**刘大先**：日本近代先学兰学，后学西学，并且迅速成功地走向了"脱亚入欧"的路径，却又保存了中国文化比如阳明心学的潜在影响，你认为其中所谓"和魂洋才"与"中体西用"的区别的关键在哪里？为什么中体西用在中国失败了？

**陈言**：这两者都是本土文化在遭遇西方文化冲击时所做的回应，都是一种调和模式。我以为"和魂洋才"与"中体西用"区别的关键在于对"洋才"和"西用"

的理解上。"洋才"不仅包括西方的科技，还容纳了西方的制度和思想，而且随着历史推移，取舍的标准越来越宽泛，甚至包括"洋魂"。日本近代启蒙思想家福泽谕吉甚至用"一身二世"的说法来表达自己在面对西方文明国家时的积极态度。他认为，在既有的文明之上得到知识的累积，进而积极吸收崭新的、陌生的新文明，其结果几乎等于再创文明，那么在短暂的人生里，就能经历两种不同的文明。至于"魂"和"才"，其内容是变动的，只要有用就有价值，日本人多维的价值观模式造就了他们的实用主义观。而"西用"更多地被理解成是西方的科技，这与中国人一向秉持自己那一套自本自根的价值系统有关。

"和魂洋才"观在日本近代化进程中发挥了巨大作用，然而日本在跻身世界强国之列的同时，复制了西方列强殖民扩张的逻辑，留下了无穷后患。

当然，我们更有必要讨论"中体西用"对我们自身的影响。事实上，相关的讨论已经非常多，我提不出比那些真知灼见更富洞见的见解。我想，洋务运动时期即便是提出西学的洋务派，他们对西学的认识也是有限的，他们对中国传统文化、制度并没有反思省察之自觉，没有意识到西方器物文明化背后之体的重要性；即便仅就所引进的"用"而言，也是很有局限性的。这跟中国传统社会轻视科学和技术发明、习惯秉持道德中心主义有关。随着历史的推移，郭嵩焘提出"西洋立国有本有末，其本在朝廷政教，其末在商贾"，这是"中体西用"内涵石破天惊的演变。但是，姑且不论守旧派，即便是提倡西学的洋务派，他们也都是在维护君道臣纲的前提下的卫道之士，即便有变革之心，也要将其置于维护宗法秩序的纲常名教之名义下来论述，因此他们的"中体西用"论往往陷入无法自圆其说的混乱逻辑之中，无法形成一种严整的、新型的、符合社会发展需要的文化观念体系。

**刘大先**：在后殖民史学反思中，福泽谕吉的《文明论概略》被认为是一部对西方文化，尤其是对美国文化的浮皮潦草的挪用，它在日本当时和现在的影响如何？子安宣邦曾对此书做过精读，即《福泽谕吉〈文明论概略〉精读》，你如何评价这本书提到的文明与野蛮的等级论？这两种书也被作为经典，由商务印书馆和清华大学出版社在中国翻译出版，你认为它们对于中国学术界有何意义？

**陈言**：据 1959 年商务版的《文明论概略》（以下简称《概略》）一书的"出版说明"得知，该书甫一出版，即"畅销全国""在日本知识界有很大影响"。福泽谕吉一生有六十余部著作，然而作为代表作，则可列举出《概略》和《劝学篇》，这成为他被视为日本近代重要启蒙思想家的奠基之作。日本的好几代人都是在阅读福泽谕吉的文明论中长大的，他们在福泽所勾勒的模式中去思考和剖析世界、理解和构筑文明。据说战后日本新锐学者丸山真男在阅读《概略》时"连续感到痛快"，他主张读者要大声朗读出来，以体会它的感人音律。日本的一万日元纸币上使用的是福泽谕吉的肖像，他在日本家喻户晓。

对《概略》做过详细阐释的，一是丸山真男，另一是子安宣邦。我对其中所涉文明与野蛮的等级论的批判受到子安宣邦的影响很大。子安是一位异常深刻睿智的学者，他指出福泽的文明论是以西洋文明为本位的，福泽批判东方的专制王国古代中国，是为近代日本迈向"脱亚入欧"之文明化铺平理论的道路，更确切地说，是为日本国家的近代化包括帝国主义侵略战争提供理论支撑。而这一点，是丸山真男回避的，丸山在解读《概略》时试图努力为其"脱亚入欧"论作辩解，其中也表现出丸山的亚洲视角的缺席。子安敏锐地发现，战后的日本人与战前的日本人在帝国意识上保持了一贯性，帝国意识深植在日本人的思考意识中，从而阻碍了日本与东亚各国在战后共生关系的建立。子安对一个长时段的东亚地缘政治变化进行考察，把当下的日本和东亚问题摆出来，从而加深了批判现实的深度。

《概略》从 1959 年商务初版至今已印刷多次。从1992 年版的"出版说明"中，我们看不到其中接受视角的变化，译介的初衷是看到福泽作为一个启蒙思想家，他在推动日本资本主义发展和资产阶级民主运动方面的作用，而没有看到福泽文明论背后的殖民史观。真正让中国知识界对《概略》有深刻认识的，源于子安的这本《福泽谕吉〈文明论概略〉精读》（陈玮芬译，清华大学出版社 2010 年版）。在中日关系降到冰点的今天，我们中国知识界有必要认真阅读此书，它为我们阐释日本殖民史提供了养分，成为我们批判现实的思想资源。

然而在脱离被殖民命运的今天，再反观《概略》，我们不能又到了另一个极端，以为它就是一部为日本殖民扩张提供学术依据的书。其中关于"文明"的论述依然值得我们深思。比如，福泽认为文明化社会往往能够保障人的自由发言与进行议论的权利，原因在于议论支撑着社会的文明性，而文明社会也必须建立在言论自由、议论开放的风气上才得以成立；再比如，他指出，器物的文明相对容易，制度规则上的文明化比较难，而最难的是人民精神、气质之感化，即精神层次的文明化。

**刘大先**：讲谈社一百年周年纪念时出版了"中国的历史"系列图书，中国引进翻译了十本。我读了其中川本芳昭、杉山正明、上田信、菊池秀明等的几本，颇觉得与中国学者自己书写的历史门径大有不同，比如蒙古史专家杉山正明的研究，我就非常不能同意，我感觉他有着强烈的建构"满蒙"与"去中国化"的"大东亚史观"。当然不同意归不同意，他山之石可以攻玉，他也提供了一种比勘视角。你是如何评价京都学派的史观的，尤其是它们对中国史学的影响。

　　**陈言**：讲谈社的这套丛书沿袭了日本汉学对史料的价值问题及用法的重视这个传统，同时注重吸收国际学界的新见解，从地域史、东亚史、世界史等不同视角来重新审视中国历史，让人有眼前一亮的感觉。你提到的杉山正明，你对他的质疑也具有合理性，他的不少学术观点受到中国学者的诟病。我不知道这是否是日本学者面对中国潜伏在内心的傲慢。这套丛书是按照中国历史发展的不同时段来选择著者及其著作，每卷都由该历史时段最具代表性的日本学者撰写，他们跟京都学派是两码事。

　　京都学派常常被视为一个广义的概念，它还包括20世纪以来京都大学中国学之外的，哲学如西田几多郎、经济学如河上肇等人的学术体系。学者户坂润著文称在昔日京都大学文科大学的学风中形成的以西田几多郎为主的哲学团体为"京都学派"。它的黄金期是从京大文科大学1906年成立，到第一代学者退休的20世纪20年代中后期。史学的代表人物是内藤湖南、桑原骘藏、矢野仁一、羽田亨、冈崎文夫。他们本身都有深厚的汉学修养，重视对中国的实地考察，注重与中国学界保持友好关系，提倡实证主义——这种研究方法对中国学界影响很大。在学术态度上，大体承认中国历史发展的主体性，主张依据中国文化发展的内在理路来认识和理解中国。

不过在"二战"期间，京都学派曾经为"大东亚共荣圈"做过哲学辩护，不同程度地参与了日本殖民。

**刘大先：**我很喜欢日本的俳句、茶道、插花等精致细腻的文化元素，对于日本美学中物哀、幽玄的观念、武士道刚烈决断等也多有欣赏，相信很多中国人与我一样，可能对于日本文化就停留在这种印象阶段。这些文化特征或者说元素与中国文化之间有着千丝万缕的联系，但是它们是如何在历史流转中形成了日本独特的文化而区别于中国的？有一些所谓"民族性"的东西，比如敬业、谦卑、团结的刻板印象，显然也不仅仅是因为学习德国或者什么外来的影响，那么这种日本文化内在的因素是什么，它是如何随着时代变化的？这样问，如果你觉得过于庞杂，那么请你描述一下五百年前的日本人、一百年前的日本人和现在的日本人，最大的差别是什么？他们丢弃的和保留的品质是什么？这些"民族性"的变迁，外因和内因都是什么？

**陈言：**无疑，日本是在吸收中国文化的过程中形成自己独特的文化的。你说的俳句、茶道、插花等艺术，日本人总能做到兼容并包，以充满矛盾的形式来保持其固有的特性，必然有其自身的因素。日本学者石田一良认为日本文化有三大基本要素："生活中心主义""共同体主义"和"函数主义"。他进而阐释道："生活中心主义"是指尊重生命、生产和再生产生命,追求生活丰富的经验的现实主义的生活意志;"共同体主义"则是实现生活中心主义的场所;而实现共同体的生活中心主义的伦理被命定为函数主义。这三大主义在日本的神道中体现得最为明显。神道源于信仰万物有灵和敬神的原始宗教,神道中的神并不游离于生活,而是紧密联系生活,是生活意志的神格化。日本人对神的祈愿,体现为极为生活性的东西。不同的时代,神道及神道之神的面貌是不同的。它像"更换衣裳的偶人",世变时移,很快就会换掉以前旧思想的"衣裳",改穿新思想的"衣裳"。神道变通自如,既不为外来宗教所吸收,也不埋没于外来宗教的影响之中,持续不断地延续下去。

日本文化中细腻的元素跟日本的自然风景分不开。京都具有代表性。我翻译的奈良本辰也在谈到京都文化的细腻优雅时,他说:"感触生于风物,以质朴的诗情吟咏之,那么京都的自然当然就是孕育平安朝文化的土壤。京都的风光恬静安详,又在千变万化之间尽显细腻纤柔——就在那里,同样细腻纤柔的文化诞生了。"

说到日本的民族性,这也是一个很大的问题。我举其中的"团结"或者用说得更规范一些的"集团性",它跟日本的语言、宗教等因素有关。长期以来,日本岛上居住的日本人在人种和语言上表现出高度的同质性,当这种同质性受到外来压力时,立刻就会表现出强烈的凝聚力。随着历史的推进,神道教的不断演化也强化了日本人的"集团性"。18世纪的江户幕府面临民族危机，为了强化民族意识，国学家强调神国和皇权思想，强调日本"万世一系"的皇统的永恒性，强调天皇居于统治全世界的中心地位。到了"二战"期间，国家神道鼓噪"神州不灭、亿兆一心"等，"集团性"得到极端强调。此外，集团性还跟日本的社会结构有关。传统日本社会的"家"这个共同体，家长与其他成员之间不仅仅是血缘关系，还特别强调施恩与报恩的关系，强调以"亲对子的恩"与"子对亲的忠"来强化家庭成员对家的特殊的归属感。为了家的延续和繁荣，献身和自我牺牲是家庭成员的义务，个人必须无条件服从集体的意志和利益。而近代日本国家正是模拟这种"家"的共同体，设立以天皇为本、全体国民为成员的家族国家。为了确保天皇国家的延续，个体都应无条件奉公灭私。这种集团性是日本近代民族主义的根基。

你所说的五百年前的日本人和一百年前的日本人，分别生活在商品经济刚刚兴起的室町幕府时期和民族自决浪潮兴盛、民主自由气息浓厚的大正时期。五百年前虽然贵族文学乏善可陈，不过民间文艺兴盛，出现了"能乐"和"狂言"两种戏剧形式。那时候的日本人一定非常热衷于看戏，他们沉浸在快乐的世俗生活中。一百年前日本中产阶级形成，他们在反对当时的军阀官僚专制，要求实现政党政治，实施普选，从而形成大正民主主义运动。如今的日本有成熟的市民运动机制，这对促进民意表达的途径方面发挥着重要作用。日本人在表现出"集团性"的同时，也在追求精神的自由和尊严，集团性与独立性矛盾而奇怪地融合在一起，只是随着时代氛围的变化此消彼长而已。如果说到日本人在漫长的历史过程中所丢弃的东西，我想，疾驰在近代化高速路上的日本人可能丢失了五百年前坐在戏台前欣赏戏剧的悠闲心态。

**刘大先**：上面是个大问题，最后再问个小问题。日本的"AV"可能是在当下中国青年一代中接触最多、影响最大的一种亚文化。作为一个女性学者，你也许不会对"AV"感兴趣，但是可否请你谈谈自己是如何看待日本人的两性态度的？

**陈言**：我不止一次地看过"AV"，而且私下里跟研究日本文化的闺密多次谈论过。如果用冠冕堂皇的理由来解释，它是当代日本文化的一部分，而且是外国人眼里当代日本社会文化中最为突出显眼的那一部分。但是我感觉自己确实没有那么大的兴趣。我有时感觉看"AV"跟看新闻、纪录片是差不多的感受。我想这可能与两性差异有关，不过我能理解它作为一种亚文化对中国的影响，而且我更愿意看到它积极的、美的因素。有这种说法：如果没有"AV"女优，中国的性教育将会是一片空白，而我认为"一片空白"谈不上。另外，我能从日本"AV"片中感受到一种悲壮的因素。美的事物被毁灭了，就是悲剧。代表脆弱的尊严和理想的"AV"女优，命运被强暴，尊严被践踏，美好丧失，追求自由的灵魂死了，美好的事物毁灭了，怎能不让人唏嘘伤感?!而这种直观的体验，我想与"AV"中男性的暴戾与丑陋有直接的关联。日本的情色文化同样体现出了日本传统文化中的物哀特质。

日本社会对"AV"女优抱有开明的态度。古代以来，日本社会对妓女的态度就很开明。近一个世纪之前，戴季陶眼中的日本人对于妓女的同情心理就多于蔑视的心理。他说，讨妓女做正妻的事是很普遍的，尤其是维新志士的夫人，几乎无人不是来自青楼。然而，日本女性对丈夫绝对服从、绝对恭顺的印象在现代都市中似乎已被打破。日本社会出现大量的不婚族，而已婚的女性出轨的也比较普遍，她们认为："如果不出轨，我怎么能甘心每天回家给老公洗内裤臭袜子?"还有一种现象，叫"熟年离婚"，就是中老年女性主动离婚，她们手中有足够的钱，再不想伺候老公、忍受对方的大男子主义，而去追求自己的幸（性）福了。那些一直享受被伺候感觉的老公就像"粗大垃圾"一般遭到了抛弃。日本女性比较开放和追求新潮似乎是共识。不过我还感觉到，不少日本女性由于害怕被喜欢的人抛弃而拒绝跟喜欢的人发生关系，她们对性有一种决绝的行为。

性，太复杂，我们能从日本的传媒和小说等艺术中看到日本社会存在的种种畸恋，它有时让人反感到恶心的程度。不过我仍然不想用道德的标准来评价，我更愿意带着欣赏的目光去发现他们两性间的丰富性，以及由此给人带来的幸福感和艺术上的超越。

2014 年 9 月 3 日

（执笔：刘大先、陈言，收入赵静蓉主编《记忆》，暨南大学出版社 2015 年版）

# 作为"他者"存在的中国与日本
——李永晶、陈言对谈

2018 年 4 月 24 日,《经济观察报》举办书评沙龙活动,主题为"暧昧的邻居——战后中日关系与世界政治"。该沙龙以华东师范大学政治学系学者李永晶新书《友邦还是敌国?——战后中日关系与世界秩序》(上海人民出版社)的出版为契机,在北京三联韬奋 24 小时书店(海淀分店)举行。本次对谈以此次沙龙活动的录音为底稿,经对谈双方加工修订而成。

**李永晶:**我们在谈论中日关系时,民族主义一直是一个热门话题。但我们谈的民族主义,和日本学者、日本政治家所说的民族主义,是一回事吗?形式上双方谈的都是民族主义,似乎是同一个对象。但你如果细看就会发现,双方对于概念本身有非常不同的理解。基于不同的理解而产生的认知,无论是对于我们还是对于日本而言,都可以说是一种误认。

我们可以沿着这个话题继续谈。对于中国而言,我们知道,我们从以前一盘散沙到最后形成一个国家,这个过程当中需要一种黏合剂，需要有一种思想，需要有一套软件。这个软件就是民族主义。这个过程中也出现了一些其他的理论和思想，但通常人们会认为民族主义是不可欠缺的，所以对于中国而言，民族主义天生就有正当性。它是解放性的，对我们建国起到了正向激励的作用。所以，我们当下在谈论民族主义时，一方面会对它有一种警惕，另一方面又觉得它是一种积极的思想。

但对于当下的日本而言，民族主义主要是一个消极的事物。第二次世界大战前的日本，是一个通过学习西方而形成的典型的民族国家；它的民族主义思想在历史进程中进一步军国主义化。因此"二战"后日本知识分子就开始了对这个思想的批判。所以，提到民族主义，现代日本知识分子的第一反应就是：那是一个非常糟糕、陈旧的思想。他们谈论的现代中国的民族主义，和我们说的日本民族主义，实际上有巨大的差异，可以说不是同一回事。

从这样一个角度来看，我们就会发现，构成我们彼此认知对方的概念，在实际内涵上是有落差的。我在这个研究当中要做的事情，就是将那些落差呈现出来。

当然这本书的背后还有一些更深的问题意识，其中的一部分反映到了书当中。比如，我今天在一开场时说过的一句话：为什么我们对日本这么感兴趣？为什么日本会是一个比较敏感的话题？日本在我们的认识当中，应该有某种特殊的地位，这又是为什么？这些是我很早就注意到并开始思考的问题。

我在后来的阅读和研究当中发现，中日两国实际上是互为映象，对方就像一面镜子一样。我们特别愿意从对方的身上看看自己，对方也愿意从我们身上去确认一下他自己的存在。我觉得这个关系如果不详细揭示出来，那么双方之间出现矛盾和冲突的时候，我们对冲突的理解可能就要欠缺一些——这也是本书起了这样一个书名的原因。

当然，本书的书名是后来取的，但实际上它确实反映了我刚才说的问题意识：对于中国而言，日本到底是友邦还是敌国？当然这并不是我个人的想法。从我们的角度来说，四海之内皆兄弟：我们会对日本说，我们是你的朋友。但问题在于，无论怎么说我们是你的朋友，无论我们怎么说中国即使变得强大了也不会翻旧账，但这些都没有得到有效的呼应。这种情况让我们觉得不是很愉快。

这时候我觉得更应该从双方的心理关系的角度去探讨。我经常举这样一个例子。我们设想一下，比如说现在我们是一个村落，村落里有几户人家。当年我们被对方欺负了，但后来这个事情被摆平了。现在我变得强大、强壮，这个时候我们会跟对方说，你不用担心，我们肯定不会复仇。对方也可能相信，也可能不相信。为什么呢？对方发现你的块头越来越大。对方发现你家里原来三口人，现在变成十口人，不但有十口人，而且你这十口人和他还不一样。他们几口人小日子过得挺美满的，我们这边可能却是锅碗瓢盆叮当响。

其实，这个例子就是指一种现状。我们处于发展阶段，国内有大量的矛盾。这个矛盾会以各种方式呈现出来，但在邻居的眼中，它可能还不是一个足够和谐的家庭。所以在这样一个基本的事实面前，无论我们怎样真诚地说我们不会翻旧账，对方可能都不愿意相信。当然，我个人认为我们不会翻旧账，这是中国传统文化的和平主义性格所决定的。

但问题正存在于我刚才描述的情境当中。你的家庭变得强大了，但内部还有很多矛盾，而对方内心还有愧疚，因为当年干了无数的坏事。这样一来，问题就复杂了。做了坏事，那就要老老实实地道歉。但实际上一方面很多日本人在道歉，另一方面很多日本政治家和右翼分子马上就否认侵略的事实，这让我们非常不愉快。所以现实的原因、历史的原因，再加上心理上的原因，导致中日间很多问题不容易解开。

心理原因我觉得还可以进一步探讨一下：何以双方如此在乎对方？我想这个可能要从更长远的事例去看，中日两国是怎么走过来的，怎么形成的。我们通常认为日本是一个处于中华文明边缘的小国，长期受中国的影响。但我们换个角度，实际上中国又何尝不受日本的影响呢？

我们中国有今天这个状态，与一百多年前甲午战争有直接的关系。此后中国的戊戌变法，它的基本的理论资源和模板，实际上就是日本的明治维新。接下来晚清的新政，我们当时司法、行政、警察、监狱制度等的改革，几乎就是按照近代日本的方式来进行的——我们当时聘用了大量的日本法律顾问。再接下来辛亥革命爆发，王朝体制于1912年正式终结。又过了几年，也就是1914年，世界大战爆发了。这个事情一发生，日本发现机会来了。后来发生的最大事件，就是日本在1915年强迫中国签订"二十一条"，从此双方走向了激烈的对抗。

反过来说，日本的今天同样是因为中国形势的变化，才有现在的状态。其中最大的变数，就是抗战结束后，中国内战的爆发。这种情况导致了美国对日本的单独占领。我在前面说过，今天中日关系比较紧张，其中历史认识方面有很大的差距。那么，日本的史观从哪来的？我们也应该去关注一下。现代日本的历史观，除了它自身的右翼保守主义影响之外，实际上受美国影响非常之大。比如说"太平洋战争"这个说法自身其实是占领军、美国的说法。这个说法，实际上就把此前中国单独抵抗日本的历史弱化了。一些日本人则正好"顺水推舟"：他们认为他们主要在和美国打仗。这种看法在我们看来问题就大了。在和美国开战之前，中国抗战经过了非常艰难困苦的十四年。结果在日本的认识当中，这段历史的很多地方变得非常的淡。

所以，我觉得我们有必要将日本和中国纳入某种框架之内，共同对它加以认知。这个框架就是"东亚"。在这个框架内，我们再使用诸如国家、民族、民族主义、国家主义等说法时，就可能会产生新的视角。这个认知的重建，有很多工作需要做。我在本书中进行的研究，就是在这方面做了一点点工作。

比如，当日本学者或政治家用民族主义指责中国的时候，他们可要当心，因为我们对于民族主义是有另外一种观念的。同样，当我们批评日本军国主义复兴时，日本也不要简单地说自己肯定不是军国主义，因为日本的行为毕竟让我们联想起来我们曾经的痛苦经历。双方需要彼此认真了解一下对方所经历的历史事实。

但历史事实还要依赖于解释，因为如果不纳入一个有效的解释框架当中，事实不会给我们提供有效的意义。我们必须带着今天的问题意识，让事实重新被赋予意义。重新赋予意义不是单纯的否定，或者单纯的肯定，这些都无法形成意义。我们要尊重最基本的事实，我们要保留真实历史的存在。我们在保留朴素历史事实存在的前提之下，要找到新的认知框架。

基于这个框架的重新解释，必须有意义。这个意义必须有如下属性：它既能够对过去有一个合理的解释，又能对当下我们彼此的矛盾、纠纷形成一个说明，或者说能够提供某种解决的或安排的方法。它也能够对我们所期待的未来的更好秩序、更好生活形成一种指引作用。

总结一下。我在本书中的所有工作最终指向了这样一点：当我们和日本进行交往的时候，我们首先要看清楚它的历史认知是怎么形成的。然后我们形成基于事实的一种新的关于日本的看法。我们还要对今天的中国做出解释。中国的变化是巨大的，从外部来看极其令人吃惊。所以这个时候我们更需要谨慎、冷静地看一看我们是怎么走过来的，我们今天到底要干什么，我们接下来该怎么办。我刚刚在书店随意翻看了一本书，其中日本的外交专家就说，中国缺乏一种对于现状和未来思考的能力。当然我们可以对他进行反驳，有很多反驳的理由。但不管怎样，你要知道：他是日本的外交专家，他正在这么判断。那么，我们要做的是什么呢？我们需要思考的是：这个说法是不是一个恰当的思考方式，我们要问他的根据是什么，然后我们接着对方的说法继续探讨。我们要认识到他可能有的误解，也要看到他在认知上可能的犀利之处，从而获得真正的认知。这才是我们要做的工作。在这个意义上，我的这本书做了一点点基础性的工作。以上就是我对这本书的简单介绍，谢谢大家。

**陈言：**今天我的角色就是要把《友邦还是敌国？——战后中日关系与世界秩序》这本书读好、读透，告诉大家我的收获在哪里。我强烈推荐的理由有很多。文化交流最根本的任务就是怎么去构建自我跟他者的关系。就中日关系而言，每一个人都会因自己所处的社会情境说一些自己的看法。比如因为喜欢日本动漫而喜欢日本一切的，比如因为历史原因而不愿意看到日本的好的一面的。但往往感情先于理性判断：这是脱离历史和现实存在的一种现象。而且因为强烈的意识形态性，造成了我们自身的一种分裂。这样一来，我们没有办法去认识自己，那更何况要去认识别人呢？中日之间存在诸多的不平衡、诸多非对抗性的结构。比如说，古代的文明中心与边缘这样的一个对立，后来就成了侵略与被侵略的关系。种种不对称和不均衡让我们在处理中日关系的时候就遇到了很多问题。怎么去解决这个问题？作者所提出的解决方法，就是以思想史叙事的均衡，来打破中日关系结构性的不均衡。

那怎么去建构思想史叙述的均衡呢？怎么去打破这种不均衡呢？就像作者刚刚说的，是以他者的视野。当然所谓"他者的视野"这一提法并不新鲜，但是实践起来非常困难。就比如说人与人之间的交往，如果说我能够站在别人的立场上来考虑问题，在此基础上建立两者之间的关系，那肯定能够构筑一种非常和谐的关系。但是在国与国之间，怎么能够让人、特别是政治家有这样一种胸怀，其实特别困难。他这本书从整个叙述框架来讲，前面是在讲他者视野的建立，接着回顾中日关系，之后进入日本的历史。他讲到民族主义问题、右翼的问题，都是日本社会非常根本性的问题，也是中日关系当中非常难解的一些问题。作者所说的天皇制的民族主义，这是近代明治维新以来被构建出来的。

战争时期经常听到一种说法，就是"天皇是万世一系"的。但事实上并不是这样。天皇制是为了对抗西方的入侵而形成的，同时也是针对中国皇帝的一种对抗性的论述，是日本民族主义精神的生长点和制度基础。它对日本民族主义的生成可以说是起到原理性的作用。所以说作者在论述的过程当中取了他者的视野，触及了一些根本性的东西，有一种原理的意识。

我觉得这本书非常精彩的地方就是第三章探讨的日本右翼问题。日本右翼在我们的认知和理解当中，就是坏人，这源自我们的宣传。李永晶在书里非常系统地梳理了日本右翼的产生。日本从明治维新一直到"二战"结束的1945年，这漫长的一段时间内，日本右翼可以说是日本精英的主体了。日本右翼的性格，代表了近代日本国家的性格，日本右翼的思想非常具有普遍主义，而"普遍主义"也是本书非常重要的一个关键词。作为生成的精神源泉，指的是中国的儒教。中国儒教如何转化成了日本的儒教，如何生成为一种普遍主义，成为日本整个精英阶层很重要的精神结构，我觉得这一点可能是我们普遍忽视的。而作者特别强调的就是：普遍主义的生成，其土壤只能是历史上的文明。作者在整本书的叙述里，讲的是日本的一些原理性的东西，然而处处参照的是中国。日本的普遍主义的生成，跟中国的古典文明分不开。但是后来因为抗战胜利之后，中国随即陷入内战，然后又是政治运动，所以说一些普遍主义的东西丢失了，那么怎么去重建？我觉得这是一个很重要的问题。

第四章和第五章主要是谈日本的政治结构，强调的是打破我们认知中凝固的认识和偏见。作者特别强调日本政策的连续性。日本的政党在实施其政治理念过程中，有很强的特征，就是去意识形态化。这个可能都是跟我们历来的理解不一样。第五章很重要的提示，就是现在日本的国民主权和地方机制的视点。作者还在后面提到了公共服务的问题，这对中国的施政具有非常高的参考价值。

作者先是梳理中日关系，然后进入日本的历史，一点点地剖析日本最根源性的东西，最后讲到认识日本的历史和认识中日关系历史的途径。作者除了强调原点性的阅读，进入日本的历史来理解日本，还有一个原理意识，就是作者的经世意识、对现实的强烈关怀，它体现在第六章和第七章，这里面就是东亚共同体的建立问题。东亚共同体为什么要建立？这里有地缘政治的问题。如果说东亚不建立一个共同体的话，如果说不像欧盟那样建立共同体的话，那么东亚各个区域很难摆脱被各个击破的命运。东南亚共同体建立的困境，有美国介入的因素。我们会发现美国跟东亚的各个国家都建立了关系，但是东亚内部的各个国家，总是有这样那样的分歧和对抗。"二战"之后东亚从来没有结成真正横向的互信，其原因就在于纵向的历史问题不能解决。作者通过自己的叙事脉络，想追问怎么来解决这个难题。那就在于普遍主义的问题。如果说想建立东亚共同体，那么我们可以再往前推，推到此前的"华夷秩序"。为什么"华夷秩序"能够持续那么长的时间？"华夷秩序"不就是前近代的东亚共同体吗？它之所以能够存在那么长时间，肯定有其合理性，而这种合理性就是普遍主义的东西，它表现在文字、儒教、伦理、律令制度和贸易等这些方面。如果一个一个来看，文字曾经构成了东亚共同能够交流、对话的非常重要的途径。现在可能会越来越困难。几年前历史学者韩东育写过一篇文章，叫《东亚的乡愁》，发表在《读书》上。他说的"乡愁"主要是围绕汉字展开的。以前中国和日本之间不能够用语言对话，但是可以通过笔谈解决。汉字可以说是东亚能够形成"华夷秩序"的很重要的关键点。然后是伦理、儒教，然后是我们曾经引以为豪的律令制度。这些都是具有普遍主义的东西。如果说还想建构这样的一种东亚共同体的话，那么怎么能够让这些普遍主义的东西再回来，哪些东西能够成为东亚共同体的支撑？因为现在只剩下贸易了，所以我们可以看到中国人到日本淘货，日语当中曾因此出现了一个词叫"爆买"。贸易可能能够体现双方非常紧密的交流，但是这种交流对于异文化的认知只能起到非常次要的作用。所以这里我觉得可能还需要一个普遍主义的东西。

这本书所讲述的日本，是个并不符合大众想象的日本。作者通过他者的意识，来形成对日本最根本问题的探讨，告诉大家日本之所以是日本有其逻辑在。作者的意识、视野和方法论，对于我们打破凝固的认知和偏见有重要启示。

# 右翼在日本

**李永晶：**刚刚在陈言的介绍当中，提到很多重要的问题。其实，很多问题我也只是简单涉及而已，或者说稍作了一些展开，很多地方还有待进一步挖掘和讨论，包括刚刚说的右翼问题。说到右翼，我们从媒体上会捕获一种关于它的印象。其实，那些右翼在日本有个说法，叫"街头右翼"，或者"街宣"。那些人天天开着几辆车，插着几面日本国旗，放着军歌，到处跑，喊着"大日本帝国万岁"，他们当然是右翼，但那些右翼在日本就相当于右翼当中的地痞无赖一样，没人把他们当回事。但是我们新闻报道当中经常出现这样的画面。如果只从这个角度来看日本，那就会产生误解。

我之所以在书中提到右翼是近代日本知识分子、日本精英的存在方式，这个说法实际上如同刚刚陈言所指出的一样，它代表一种存在性的条件。这个存在性的条件，我们不容易理解。实际上我在书中也提到了，它源于一种最大的非对称性。这个世界上有一些国家被视为左翼国家。那么中国呢？至少在理论意义上被视为经典的左翼国家，因为我们是以左翼思想建国的国家。那左翼和右翼我们知道正好是对立的，谁看谁都非常别扭。

我们的建国理念实际上基于进步主义，基于未来的理想蓝图：人们称之为左派或左翼国家。那么日本呢？我们可以称之为一种保守主义，它是基于过去的经验，重视自己的过去。所以将日本称为保守主义的国家也恰如其分。重要的是，正是在这个保守主义的范围之内，有一部分人及其观念我们可以称为右翼。

日本是一个保守主义的国家，我们可能不太容易理解。只要没有经历革命建国等剧烈动荡的国家，基本上都是倾向于按照保守主义的方式进行政治设计，因为它只能考虑自己国家的历史经验。当新的问题出现时，多数人会去想，我们过去怎么处理的？我们的前辈、我们上一代的人是怎么处理的，然后从中寻找经验和应对的方案。当然也有一部分人会说，现在既然出现了问题，那我们就要按照将来要实现的预期目标，来改变当下的状况。这个解决问题的思路就是左翼的思维，它强调一种进步信仰。所以，如果这么想，那么这个右翼怎么来的就非常好理解了：它是一个自然生长的过程。所谓自然生长的过程，就是说要从它的历史当中去看它。

刚才陈言举的一个例子非常好。在近代之前，或者说在一百多年前，双方是可以交流的，因为双方的智识结构、双方的心性是一样的。我们心中都有一个东亚的古典文明，这个文明的起源我们是共有的，比如说老子、孟子、孔子。他们是东亚古典文明的创建者。无论是对朝鲜半岛，还是对越南人或是日本人，这些圣人是天下的圣人，是具有普遍意义的圣人。这是一个小小的例子，但实际上和刚刚谈到的右翼问题相关。

**陈言：**我还是想进一步强调这本书的特色，也联系到我们看问题的方式。因为我们生活在一种可能会妨碍我们去思考、去认知的氛围当中，而这本书一个很重要的特点，就是去关注中日关系、日本的知识和相应的话语，去探究这种认知体系是什么样子。既然是认知体系，它就发挥着一种结构性的作用，那么我们就从这一点来入手，就从知识和相应的话语来入手，去解决这个难题。我刚才说到作者的经世意识。我的了解，李永晶真的是一个书斋中的学者，但是经世意识特别强烈，并且他的经世意识的基础就是他丰富的认知。刚才也说到东亚共同体的建立，它是一个令人悲观的现实，因为有很多无解的东西，难题横亘，包括美国的介入。我们可能会说那中日之间联合起来，不管美国就行了，但事实上真的是很难这样去看问题。

　　因为作者在这本书里也提到，美国是以一种结构性的存在植入中日近代历史发展当中的。而且直到现在美国仍然通过一种结构性的东西以植入到东亚的现实当中。怎么去解决，怎么去超越，对个人来讲，要看个人心智的成熟。对于国家来讲，那是考验国家政治智慧的地方。

## 作为遗留问题的"冲绳"

**陈言**：冲绳问题，是历史遗留下来的问题，我前天从微信公众号上看到一则消息，说冲绳人要求独立。但就我的知识储备而言，我认为冲绳脱离日本非常不现实。中国人对于冲绳的了解太少太少了。我们现在能够读到的有关冲绳文化、文学之类的书籍非常有限。凭借非常有限的东西，我们怎么有自信地说自己了解冲绳人的想法呢？冲绳独立的声音在冲绳是存在的，但是可以说它不是主流，也可以说它不现实。

**李永晶**：历史上是有这样的可能的。比如说，在1871 年清代中国和日本建立外交关系之后，接下来就发生一系列关于琉球的外交冲突。双方实际上在外交上互动了好多年，当时美国已经卸任的总统格兰特，还曾经参与其中，进行斡旋。双方也形成了一些方案，比如其中之一就是，把琉球群岛分成三部分，日本取北，中国取南，让琉球王国在中部自立。双方一直谈判，当然没有解决，方案彼此都不满意，形成了悬案。后来发生了

战争，1894 年到 1895 年的甲午战争。在中国战败之后，
问题彻底被压下来了。

另外，大家也都会有所了解，日本在 1945 年战败之
后，当时中国是有机会的。在这个过程当中出现了很多
偶然性的因素，导致变成今天的状况。所以很多事情可
能跟我们想象的不一样，但不管怎么样，我们不能误认，
不能想当然。所以，我们还要踏踏实实地建立在知识的
基础上，增进对对方、对自己的了解和认知。我们还是
要读历史、读理论，看看事情到底是咋回事，然后形成
自己的判断。刚刚陈言注意到了，我书中使用了一个词，
叫独立自尊。这是福泽谕吉的用语。什么叫独立？什么
叫自尊？一身独立，国家才能够独立：人要有自尊的意
识，国家要有自尊的意识。如果连这些基本的意识都没
有，那很多更大的政治议程，你想都不要想。

**陈言：** 从某种意义上说，近代以来的冲绳一直处于
临界状态，那里的思想家始终在临界状态中思考冲绳主
体性的确立问题、自由意志的确立问题。孙歌老师对临
界状态中的冲绳始终关注，她的《从那霸到上海：在临
界状态中生活》一书，就从冲绳的临界状态中寻找到了
思想史研究的课题。孙歌老师特别注意到冲绳人面对权
力的态度。她说，面对美国驻军和日本本土资本势力，
冲绳人并未用暴力去消解自己的屈辱与愤怒，他们都以
抗议集会等和平的方式去进行，并且与冲绳以外的区域

建立广泛的交流。我想，那种成熟的政治意识也应该为其他区域的人所共有。

2020 年 4 月 24 日

（执笔：李永晶、陈言）